Adventures in French

1000+ Lines of Useful French Dialogues to Help You Learn French

Contents

Published in 2023 by Dialog Abroad Books

0921 002
2 4 6 8 10 9 7 5 3
ISBN 978-3-98552-195-1

Introduction

Dear Learner.

This is the story of Oliver Petit, a 20-year-old student from New York. Oliver can speak a little French because his mother comes from France. But now he wants to learn more French.

Therefore, he is coming to France to study at Sorbonne University in Paris. He will make a lot of friends and perhaps even find a girlfriend. But what exactly will happen on his semester abroad? Find out inside.

Have fun. Let's begin.

Chapter 1

Le nouveau colocataire

*Oliver et sa mère viennent d'arriver à Paris. Elle l'aide à trouver son appartement. Ils se tiennent devant l'**ascenseur** quand Fabien arrive.*

CONDUCTEUR DE TAXI Quatre vingt dix euros s'il vous plait.

MME PETIT Là. Prenez quatre vingt quinze euros de cela.

CONDUCTEUR DE TAXI Merci beaucoup. Je vous rendrai cinq euros. Bonne journée.

MME PETIT À vous aussi. Au revoir.

OLIVER Je vais prendre les **valises** lourdes avec moi. Pouvez-vous porter mon sac d'ordinateur portable ?

MME PETIT Placez le sac sur la valise lorsque vous la tirez. Je peux tirer ma valise moi-même.

OLIVER Heureusement, l'appartement a un ascenseur, nous n'avons donc pas à tout transporter par les **escaliers**.

MME PETIT Sans ascenseur, nous ne pourrions pas nous en sortir.

OLIVER Cette rue est très belle. Êtes-vous déjà venu ici avant ?

MME PETIT Oui, je connais très bien cette rue. Je faisais du vélo avec des amis ici parfois.

OLIVER Avez-vous encore votre vélo ici à Paris ? J'aimerais bien l'utiliser pour voir tous les **endroits sympas** à proximité.

MME PETIT Malheureusement, je l'ai vendu avant de déménager en Amérique. Vous pouvez en acheter un dans un salon d'occasion ou rechercher des annonces dans le journal.

OLIVER Oui, j'ai vu une affiche pour un marché de vélos à l'hippodrome de Longchamp le 29 mars. Savez-vous où cela se trouve ?

MME PETIT Si je me souviens bien, vous pouvez prendre la ligne 1 du métro et descendre à Neuilly Porte Maillot. De là, vous devrez prendre un bus pendant dix minutes, puis marcher pendant cinq minutes pour rejoindre l'hippodrome de Longchamp.

OLIVER Génial. J'espère pouvoir obtenir un bon **vélo** à un bon prix. Je ne connais rien aux vélos.

MME PETIT Je suis sûr que l'un de vos nouveaux amis devrait pouvoir vous aider. Il y a beaucoup de vélos devant votre immeuble. Cela ressemble à un endroit sûr pour ranger votre vélo la nuit.

OLIVER Je le pense aussi. Je serais tellement **en colère** si mon vélo était volé.

MME PETIT Je parie que votre colocataire a un vélo et peut même vous aider à en acheter un.

OLIVER Je crois que vous avez raison. Oh non, je ne trouve pas ma **clé**. Je pense que je l'ai perdue.

MME PETIT Vous venez juste de la recevoir de l'université. Comment pouvez-vous la perdre déjà ?

OLIVER Je ne sais pas. Je pensais l'avoir mise dans ma poche mais maintenant je ne la trouve pas. Oh, attendez, je l'ai trouvée. Elle était dans mon sac d'ordinateur portable.

MME PETIT **Dieu merci**. Ne perdez jamais votre clé. Imaginez si quelqu'un la trouve et vole tout dans votre appartement ?

OLIVER Comment sauraient-ils où je vis ?

MME PETIT Votre adresse est écrite sur le **trousseau**.

OLIVER Oh oui. Je n'avais pas pensé à ça.

MME PETIT Vous devriez enlever ce trousseau et le laisser dans votre chambre jusqu'à ce que vous rendiez les clés à la fin du semestre.

OLIVER Ok, pas de problème. Regardez, la clé fonctionne.

MME PETIT Prenons l'ascenseur.

FABIEN Bonne journée.

MME PETIT Bonne journée. On monte ?

FABIEN Oui. **S'il vous plaît, après vous**.

MME PETIT Je vous remercie.

FABIEN A quel **étage** se trouve votre appartement ?

OLIVER Au cinquième étage.

FABIEN J'habite au même étage. Vous devez être mon nouveau colocataire.

OLIVER Oui, je le pense aussi.

FABIEN Je suis heureux de vous rencontrer. Je m'appelle Fabien Girard. Je viens de Strasbourg.

OLIVER Je suis content aussi. Je m'appelle Oliver Petit et voici ma mère.

FABIEN Mme Petit, vos sacs ont l'air assez lourds. Je vous aiderai à les porter.

MME PETIT C'est gentil de votre part. Je suis heureux qu'Oliver puisse parler français avec son colocataire. Depuis combien de temps vivez-vous à Paris ?

FABIEN Je vis à Paris depuis cinq ans. C'est mon dernier semestre ici et ensuite je retourne à Strasbourg pour travailler.

OLIVER Qu'est-ce que vous étudiez à l'université ?

FABIEN La médecine. Je veux être **pédiatre**.

MME PETIT Génial. Donc, vous devez aussi travailler à l'hôpital universitaire, non ?

FABIEN Exactement. Je travaille uniquement les mardis et jeudis. Et vous, Oliver ? Qu'est-ce que vous étudiez à l'université ?

OLIVER J'étudie l'histoire à la Columbia University à New York.

FABIEN J'aime l'Amérique. J'y suis allé une fois mais je ne sais rien de son histoire. Peut-être que vous pourrez m'en dire plus parfois ? Êtes-vous né là-bas ?

OLIVER Oui, je le suis mais ma mère non. Elle est née à Paris.

FABIEN Génial. Vous êtes un **vrai** parisien.

MME PETIT Oui, je suis né à l'hôpital de la ville. Il y a vingt et un ans, bien sûr !

Vocabulary

ascenseur - elevator
valises - bags
Heureusement - Fortunately
escaliers - stairs
endroits sympas - nice places
vélo - bike
en colère - angry
clé - key
Dieu merci - thank God
trousseau - keyring
S'il vous plaît, après vous - Please, after you
étage - floor
pédiatre - pediatrician
vrai - genuine

Chapter 2

La visite de l'appartement

Fabien ouvre la porte de l'appartement et commence à faire visiter l'appartement à Oliver et à sa mère.

FABIEN Bienvenue dans notre appartement. Vous pouvez y accrocher vos **manteaux** et mettre vos **chaussures** sur le casier à chaussures.

MME PETIT Bonne idée. Enlever vos chaussures avant d'entrer dans l'appartement garde le sol propre et vous n'aurez pas à passer la **serpillère** aussi souvent.

FABIEN Vous avez raison. Je déteste nettoyer le sol.

MME PETIT Et vous avez quelques paires de pantoufles ici aussi. Sont-ils à vous ou pour les invités ?

FABIEN Les pantoufles bleues sont à moi. Je vous en prie, prenez une paire si vous avez froid aux pieds.

OLIVER Les autres ont l'air trop petits pour moi. Je vais juste marcher dans mes chaussettes.

FABIEN Vous pouvez acheter une paire pour quelques euros. Laissez-moi vous faire visiter l'appartement. Ceci est la cuisine. Nous avons un **micro-ondes**, un four et un réfrigérateur. **La tablette supérieure du réfrigérateur** est à moi et la tablette inférieure est à vous. Je vais vous montrer comment utiliser le **lave-vaisselle** plus tard quand il sera plein.

OLIVER Bien, je n'ai pas à laver la vaisselle à la main. À quelle fréquence devez-vous mettre le lave-vaisselle ?

FABIEN Habituellement deux fois par semaine. Plus si nous organisons une fête ou si des amis viennent dîner. Nous avons beaucoup d'**assiettes** et de **couverts** donc ce n'est pas un problème si nous oublions. De l'autre côté du couloir se trouvent les toilettes avec douche. Voici le salon.

OLIVER C'est très joli et il y a une belle vue sur la **forêt** d'ici.

FABIEN Oui, j'aime m'asseoir sur le balcon et prendre une tasse de café quand il fait beau.

OLIVER Comment est le canapé ? Est-il **confortable** ?

FABIEN Oui, ça a l'air un peu **démodé** mais c'est confortable. C'est en fait un canapé-lit. Idéal pour les amis ou la famille qui restent.

OLIVER Ah bien. Et on m'a dit que l'appartement avait la télévision par câble. Est-ce correct ?

FABIEN Beaucoup de séries et de films internationaux sont **diffusés** à la télévision ici, mais tous ne sont **disponibles** qu'avec l'audio français.

OLIVER Dommage.

MME PETIT Vous serez trop occupé à étudier et à rencontrer de nouveaux amis pour regarder la télévision.

OLIVER C'est vrai. Je peux quand même regarder les programmes sur mon ordinateur portable. Fabien, pouvez-vous m'aider à me connecter au Wi-Fi ?

FABIEN Bien sûr. Le nom du réseau est Netzgear 3000 et le mot de passe est "wackel chien" mais les voyelles sont remplacées par des chiffres.

OLIVER Haha, cool. J'aime ces chiens. J'en ai un dans ma voiture. Comment épelez-vous cela ?

FABIEN W majuscule, puis 4-ck-3-lch-1-3-n.

OLIVER OK merci. Je suis connecté sur mon téléphone. Je me connecterai sur mon ordinateur portable plus tard.

FABIEN Oh, je devrais vous dire que le téléphone à côté du **miroir** dans le hall ne peut téléphoner qu'avec une carte téléphonique.

OLIVER Aucun problème. Je ne vais pas l'utiliser de toute façon. Je peux utiliser les applications de mon téléphone si je dois discuter avec quelqu'un.

FABIEN Enfin, c'est ma chambre à coucher là-bas. Vous êtes dans la chambre numéro deux. La dernière porte à gauche.

OLIVER Et où puis-je laver mes vêtements ? Y a-t-il une machine à laver ?

FABIEN La machine à laver et le **sèche-linge** sont au sous-sol. Je vous montrerai un peu plus tard. Est-ce que ça va ?

OLIVER Oui, je n'ai pas encore de vêtements sales.

FABIEN Faites comme chez vous. Je vous prie de m'excuser, j'ai un test important demain pour lequel je dois étudier. C'était un plaisir de vous rencontrer Mme Petit. À plus tard, Oliver.

OLIVER Merci Fabien. À plus tard. Maman, mettons les sacs dans ma chambre.

MME PETIT Ta chambre est belle. Un lit, une armoire, un bureau et une chaise. Qu'as-tu besoin de plus ?

OLIVER Peut-être une **commode**. Oh, attend, il y a des **tiroirs** dans l'armoire.

MME PETIT Bien. Donc, tu mets tes sous-vêtements et tes t-shirts dans les tiroirs et tu les suspends pour ne pas avoir à les repasser.

OLIVER Il n'y a pas assez de **cintres**, je vais donc aussi garder mon pantalon dans l'un des tiroirs avec mon short.

MME PETIT Tu devrais d'abord essuyer les tiroirs avant de mettre des vêtements.

OLIVER Ils ont déjà l'air assez propres. Commençons juste à **déballer**.

MME PETIT D'accord. Voici tes t-shirts et polos. Je vais accrocher tes **chemises**.

OLIVER Merci. Je vais ranger tout le reste. Est-ce que tu vois un bon espace pour mes bagages ?

MME PETIT Que dirais-tu de sous le lit ? On dirait que ça ira.

OLIVER Bonne idée.

MME PETIT Là, je t'ai acheté un cadeau de pendaison de crémaillère. C'est juste un **peignoir**.

OLIVER Tu n'avais rien à m'acheter. Merci beaucoup.

MME PETIT Je sais que je ne suis pas obligée. Je voulais. Tu es mon fils.

OLIVER J'aime bien. C'est très utile ; surtout jusqu'à ce que le temps chaud arrive.

MME PETIT Exactement. Peux-tu me dire quelle heure il est maintenant ?

OLIVER Il est deux heures et demie. À quelle heure vas-tu voir l'oncle François ?

MME PETIT Nous avons une réservation à 17 heures. Je l'appellerai quand j'arriverai au restaurant. Je voudrais acheter un **cadeau** pour lui à l'avance, alors je vais partir maintenant.

OLIVER Ok, dis bonjour à l'oncle François de ma part.

MME PETIT Je le ferai. Voici de l'argent pour acheter le dîner pour Fabien et toi. Il doit connaître les meilleurs endroits pour manger dans la ville. Vient me faire un **câlin**.

OLIVER Merci. Peut-être qu'il a des projets mais je vais lui demander. À plus tard.

Vocabulary

manteaux - coats
chaussures - shoes
serpillère - mop
micro-ondes - microwave

La tablette supérieure du réfrigérateur - The upper shelf of the refrigerator
lave-vaisselle - dishwasher
d'assiettes - plates
couverts - cutlery
forêt - forest
confortable - comfortable
démodé - outdated
diffusés - broadcast
disponibles - available
miroir - mirror
sèche-linge - tumble drier
Faites comme chez vous - Make yourselves at home
commode - chest of drawers
tiroirs - drawers
cintres - hangers
déballer - unpack
chemises - shirts
peignoir - robe
cadeau - gift
câlin - hug

Chapter 3

Le tramway

Plus tard dans la journée, Oliver et Fabien discutent dans l'appartement.

FABIEN Est-ce que tout dans ta chambre est en ordre ?

OLIVER La fenêtre est **brisée**. Je ne peux pas l'ouvrir.

FABIEN Oui je sais. On m'a dit qu'elle serait réparée **bientôt**.

OLIVER Et je veux avoir un **oreiller** supplémentaire. Où puis-je en acheter un ?

FABIEN Certains **magasins** du centre-ville vendent des oreillers mais ils sont un peu chers.

OLIVER Il est déjà huit heures. Les magasins sont-ils toujours ouverts ?

FABIEN Malheureusement non. La plupart des magasins ferment à huit heures. Si tu as le temps un autre jour, va chez IKEA. Ils ont beaucoup de **linge de maison** et autres articles ménagers à bon prix.

OLIVER Je n'ai jamais rien acheté chez IKEA. Comment puis-je y aller ?

FABIEN Je veux aussi acheter quelque chose là-bas donc nous pourrons y aller ensemble. J'ai besoin d'une nouvelle **lampe de bureau**. Peut-être mercredi soir ?

OLIVER Ça me va. À quelle heure le magasin ferme-t-il le mercredi ?

FABIEN Je pense que c'est ouvert jusqu'à 21 heures. Nous allons dîner là-bas avant de faire les courses.

OLIVER Génial. Je suis impatient d'y être.

FABIEN En parlant de dîner, j'ai faim. Allons manger.

OLIVER Bonne idée. Où allons-nous manger ? Dans un restaurant ?

FABIEN Nous irons à l'aire de restauration du centre-ville pour le dîner.

Oliver et Fabien quittent l'appartement et se dirigent vers la station de métro.

OLIVER Est-ce qu'ils servent de la **nourriture végétarienne** là-bas ?

FABIEN Oui, naturellement. Il existe de nombreuses cuisines du **monde** entier.

OLIVER Excellent. Est-ce qu'ils vendent de la bière ? Je suis impatient de boire ma première bière française en France.

FABIEN Je t'achèterai ta première bière. Préfères-tu boire de la **bière blonde ou brune** ?

OLIVER Je n'ai pas de préférence. Si tu as une bière préférée, je vais essayer.

FABIEN Il y a une **bière de blé** que j'aime bien. Elle est fabriquée ici localement à Paris. Elle est également vendue dans certains supermarchés si vous voulez boire à la maison.

OLIVER **Ça m'a l'air bien**. Je voudrais l'essayer ce soir avant de l'essayer à la maison. Sors-tu souvent ?

FABIEN Pas si souvent. Je vais parfois au cinéma avec des amis où nous mangeons quelque chose dans les appartements l'un de l'autre. Je n'ai pas les moyens de sortir boire tout le temps.

OLIVER Je ne sors pas du tout à New York. Je n'ai pas encore vingt-et-un an et je n'ai donc pas encore le droit de boire de l'alcool dans les bars.

FABIEN Il est alors plus facile pour toi d'économiser de l'argent là-bas. C'est quand ton **anniversaire** ?

OLIVER J'aurai vingt et un ans le vingt-neuf avril.

FABIEN Ah, alors tu pourras boire quand tu reviendras à New York après ton semestre ici.

OLIVER Oui, mais je pense que boire à New York coûte très cher. Tout cela coûte beaucoup d'argent. Quel âge as-tu ?

FABIEN J'ai vingt-quatre ans. Mon anniversaire était en janvier.

OLIVER As-tu fait quelque chose de spécial pour ton anniversaire?

FABIEN Rien de spécial. J'ai dîné avec ma famille et mes amis à la maison. C'était un peu **ennuyeux**. Nous devons organiser une fête pour ton anniversaire.

OLIVER Bien sûr. J'ai hâte. Est-ce la station de métro là-bas ?

FABIEN Oui, c'est notre station la plus proche. La bonne chose est que le métro est très **fréquent**, il ne faut donc pas attendre longtemps.

Oliver et Fabien discutent dans la station de métro.

OLIVER Oh, j'ai oublié d'acheter un billet. Est-ce que je vais me faire prendre et payer une amende ?

FABIEN Ne panique pas. Tu achètes des billets à la machine à billets avant de monter. Tu devrais acheter une carte Imagine R qui te permet de voyager de manière **illimitée** dans la ville pendant un an. C'est beaucoup moins cher que d'acheter un seul billet à chaque fois, et en plus c'est moins cher que les billets normaux parce que tu es étudiant et que tu as moins de 26 ans.

OLIVER Oh wow, ça vaut vraiment le coup.

FABIEN Ne voyage pas en dehors des zones de ton billet, sinon tu auras une **amende**. Mais tu dois apporter ton passeport pour le faire valider avant de pouvoir l'utiliser. Pour l'instant, procure-toi un seul billet. Là, je vais te montrer comment l'acheter. Paies-tu en **espèces** ou par carte ?

OLIVER Je vais essayer ma carte. Si ça ne fonctionne pas, je paierai en espèces. Donc, j'insère ma carte ici ? Où dois-je entrer le numéro d'identification ?

FABIEN Sur le **clavier**, ici. Le billet est imprimé et sort en bas.

OLIVER Oh je vois. Je ferais mieux de garder le billet dans mon portefeuille pour ne pas le perdre.

FABIEN Tiens ton **portefeuille** dans ta main pour le moment. Tu as besoin de ton billet pour passer la porte.

OLIVER Ah oui bien sûr. C'est comme à New York.

FABIEN C'est la carte du métro là-bas.

OLIVER Combien d'arrêts jusqu'à ce que nous descendions ?

FABIEN Juste six **arrêts**. Il faut environ dix minutes pour se rendre à la gare de Lyon.

OLIVER C'est vraiment pas loin. Le métro à New York est rapide, mais il faut toujours beaucoup de temps pour arriver à destination.

FABIEN Le système de métro ici est pratique et propre. Il est également tard les vendredis et samedis pour les personnes rentrant des pubs et des boîtes.

OLIVER Peut-être en aurons-nous besoin si nous restons tard.

FABIEN Je n'ai pas de projets pour demain.

OLIVER Voyons si nous apprécions la première bière et ensuite nous déciderons.

Vocabulary

brisée - broken
bientôt - soon
oreiller - pillow
magasins - shops
linge de maison - linens
lampe de bureau - desk lamp
En parlant - Speaking of
nourriture végétarienne - vegetarian food
monde - world
bière blonde ou brune - light or dark beer
bière de blé - wheat beer
Ça m'a l'air bien - Sounds good
anniversaire - birthday
ennuyeux - boring
fréquent - frequent
illimitée - unlimited
amende - fine (penalty)
espèces - cash
clavier - keypad
portefeuille - wallet
arrêts - stops

Chapter 4

La première bière

*Oliver et Fabien arrivent à l'**aire de restauration** mais il y a un problème.*

FABIEN C'est l'aire de restauration à laquelle je voulais t'amener.

OLIVER Très sympa. Je n'aurais pas su que c'était là si tu ne me l'avais pas dit.

FABIEN Oui, ce n'est pas **évident** de l'extérieur. Allons-y et voyons ce que nous voulons manger.

OLIVER Tant d'options. Tout sent bon. Je ne sais pas si je serai capable de décider d'une seule chose.

FABIEN Alors, prend beaucoup de petites choses.

OLIVER Y a-t-il une table pour nous asseoir ?

FABIEN Non, le **coin salon** est totalement rempli. Pas le bon moment pour venir ici. Nous devons attendre pour une table.

OLIVER Trouvons un autre restaurant.

FABIEN Je connais un endroit à proximité. Je pense que leur coq au vin est le meilleur de Paris. Très **tendre** et pourtant très **humide**.

OLIVER Qu'est-ce que le coq au vin ? Est-ce un **plat** parisien traditionnel ?

FABIEN C'est un plat français. Tu peux le commander dans la plupart des villes en France. C'est une spécialité de poulet braisé au vin, aux champignons et parfois à l'ail.

OLIVER Cela semble délicieux. J'aimerais essayer cela. Allons-y.

Oliver et Fabien arrivent au restaurant.

FABIEN Il semble trop occupé à l'intérieur. Nous devons nous asseoir dehors. Est-ce que ça ira ?

OLIVER Oui c'est bon. Il ne fait pas aussi froid ce soir que je le pensais.

FABIEN Cette zone est protégée du **vent** par les bâtiments environnants. De plus, ils ont des **radiateurs** à l'extérieur. Regarde, il y a une table là-bas.

OLIVER Vite, prend-la avant que quelqu'un d'autre ne vienne.

FABIEN Ah parfait. Juste sous le chauffage et une vue magnifique sur la rue pour regarder les gens passer. Là, prend un menu.

OLIVER Merci. Cet endroit est vraiment sympa. Je ne suis pas encore habitué au taux de change. Les prix ici sont-ils bons ?

FABIEN Oui, très justes. Tu seras rassasié de tout ce que tu commanderas.

OLIVER Je veux essayer le coq au vin mais je n'aime pas manger beaucoup de viande.

FABIEN Tu peux le commander et je peux t'aider à manger la viande.

SERVEUSE Bonsoir. Voulez-vous commander quelque chose à boire en premier ?

FABIEN Nous aimerions commander quelque chose à manger et à boire. Pour boire, deux bouteilles de Gallia Blanche Au Blé s'il vous plaît. Pour manger, je voudrais la soupe et la salade maison.

SERVEUSE Et pour vous ?

OLIVER Je voudrais le coq au vin s'il vous plait.

SERVEUSE Désirez-vous autre chose ?

OLIVER Non, c'est tout merci.

SERVEUSE Aucun problème. Ça arrive **tout de suite**.

OLIVER Pouvez-vous me dire où sont les toilettes ?

SERVEUSE Directement sous les escaliers là-bas.

OLIVER Merci beaucoup.

SERVEUSE Je vous en prie.

Oliver revient à la table. Les boissons sont déjà arrivées. Ils commencent à discuter de leurs familles respectives.

FABIEN Félicitations pour ta première bière en France. **À ta santé** !

OLIVER À ta santé !

FABIEN Qu'est-ce que tu en penses ? Aimes-tu ?

OLIVER C'est un peu **bizarre**. Je suppose que je ne suis pas habitué à boire de la bière. Je suis sûr que je vais aimer avant d'atteindre le **fond** du verre.

FABIEN Alors, pourquoi ta mère a-t-elle déménagé en Amérique ?

OLIVER Elle a rencontré mon père à New York quand elle était en vacances. Ses parents sont français mais il est né et a grandi en Amérique. Ils sont restés en contact et se sont rendus visite souvent. Après leur mariage, ils ont décidé de rester en Amérique et d'élever une famille.

FABIEN As-tu des **frères et sœurs** ?

OLIVER Non, je suis un enfant unique. Et toi ?

FABIEN J'ai un frère aîné et deux soeurs plus jeunes. Ils habitent tous encore à Strasbourg mais ils viennent souvent me rendre visite. As-tu de la famille ici à Paris ?

OLIVER J'ai un oncle du côté de ma mère. Il a deux filles ; mes cousines. Elles ont 19 et 26 ans et vivent toujours à Paris. Je suis sûr que tu les rencontreras lors de leur visite dans notre appartement.

FABIEN Sont-elles **jolies** ?

OLIVER Bien sûr ! Tout le monde dans ma famille est beau. Mais la plus âgée est déjà mariée et a un fils de 5 ans et une fille de 9 mois. La plus jeune est étudiante en première année à l'université. Tu l'as peut-être même vue sur le campus.

FABIEN À quoi ressemble t-elle?

OLIVER Elle est assez petite avec les yeux bleus et de longs cheveux blonds mais elle peut les avoir teint ou les avoir coupés. Je suis sûr que beaucoup de filles correspondent à cette description. J'ai une photo sur mon téléphone. Regarde, je vais te montrer.

FABIEN Ouah, oui. Elle est jolie !

OLIVER Et voici une photo de mon autre cousine avec ses enfants.

FABIEN Elle est très jolie aussi. Laisse-moi te montrer une photo de mes frères et soeurs. Celle-ci est Laura. Elle vient nous rendre visite le mois prochain pour quelques jours.

OLIVER Très **mignonne**. J'ai hâte de la rencontrer. Est-elle **célibataire** ?

Vocabulary

aire de restauration - food court
évident - obvious
coin salon - seating area
tendre - tender
humide - moist
plat - dish
vent - wind
radiateurs - heaters
tout de suite - right away
Félicitations - Congratulations
À ta santé - Cheers
bizarre - weird

fond - bottom
frères et sœurs - brothers and sisters
jolies - pretty
mignonne - cute
célibataire - single

Chapter 5

La jeune française

Oliver et Fabien dînent quand ils entendent deux femmes discuter en français avec un accent américain.

FABIEN Donc, tu n'as pas de **petite amie** à New York ?

OLIVER Non, je sortais avec quelqu'un pendant quelques mois, mais elle a déménagé en Californie pour étudier à l'Université de Stanford. Donc, nous avons rompu. Son **rêve** est de travailler dans la Silicon Valley.

SERVEUSE Est-ce que tout va bien ?

FABIEN Non, la soupe n'est pas assez chaude.

SERVEUSE Je suis désolé. Laisse-moi aller la **réchauffer**. Je la ramène tout de suite.

FABIEN Je te remercie.

Tu devrais parler à des **filles** de la région. Les filles à côté de nous semblent américaines, n'est-ce pas ?

OLIVER Je pense que tu as raison, bien que je ne puisse pas dire de quel état elles viennent.

FABIEN Je vais me présenter.

OLIVER Fonce. **Bonne chance**.

FABIEN Merci, j'en ai besoin.

Excuse moi, es-tu Américaine ?

JESSIE Oui, je viens du Texas et Audrey est de Floride.

FABIEN Génial, mon ami Oliver ici vient aussi d'Amérique. Voulez-vous vous joindre à nous pour prendre un verre ?

JESSIE Bien sûr. Nous avons une amie qui vient nous rejoindre bientôt, alors s'il te plaît, laisse une **chaise** libre pour elle quand elle viendra.

FABIEN Aucun problème. Je m'appelle Fabien. Quel est ton nom ?

JESSIE Je suis Jessica mais les gens m'appellent Jessie.

FABIEN Salut Jessie. Et je sais que tu es Audrey. Bonjour.

OLIVER Au cas où vous ne l'auriez pas entendu, je suis Oliver. C'est un plaisir de vous rencontrer.

AUDREY Également. Que fais-tu ici à Paris ? Tu ne fais que voyager ?

OLIVER Non, j'étudie ici pour le semestre à l'université. J'apprends l'histoire locale et j'essaie d'améliorer mon terrible français.

JESSIE Ton français est vraiment bon. C'est **drôle** que notre langue maternelle soit l'anglais et que nous nous parlions ici en français.

FABIEN Quand tu es à Rome, fais comme les Romains comme on dit. Alors, que faites-vous ?

JESSIE Nous travaillons au pair pour deux familles locales. Pour moi, c'est une chance de voyager en Europe tout en gagnant de l'argent. Ce n'est pas quelque chose que je veux faire pour **le reste de ma vie**.

AUDREY Pareil pour moi. J'aime les voyages et j'ai toujours eu envie de travailler avec des enfants. Je prévois de **quitter** mon travail bientôt et de retourner à l'université pour étudier l'enseignement.

FABIEN Pourquoi avez-vous décidé de venir en France ?

AUDREY Ma mère est originaire de Nice et elle m'a appris le français depuis que je suis petite. Je savais donc que je viendrais en France un jour pour vivre et travailler. Ah, voici Madeline. Madeline !

MADELINE Salut les gars.

AUDREY Ce sont nos nouveaux **amis**. C'est Fabien de Strasbourg et Oliver de New York.

MADELINE Ravie de vous rencontrer.

JESSIE Tu peux t'asseoir à côté d'Oliver et tout lui dire sur Paris. Il vient d'arriver aujourd'hui.

MADELINE Oh, c'est charmant. Bienvenue à Paris.

OLIVER Merci. C'est bien d'être ici. Alors, as-tu vécu ici longtemps ?

MADELINE Seulement toute ma vie. **En dehors de** mon voyage annuel en famille dans la vallée de la Loire, je n'ai jamais quitté Paris.

OLIVER Oh je vois. Vous devez l'aimer alors.

MADELINE Oui, vraiment. Mais mon rêve a toujours été de vivre à New York.

Oliver et Madeline continuent de parler en privé pendant que les trois autres se parlent.

MADELINE Et j'aime beaucoup les films. Je vais au cinéma au moins une fois par mois.

OLIVER J'aime les films aussi. Tu y vas avec ton petit ami ?

MADELINE Non, juste avec des amis. Et je n'ai pas de petit ami. Que pense ta petite amie de tes études à l'étranger pendant un semestre ?

OLIVER Je n'ai pas de petite amie. Si j'en avais une, je ne pense pas que je voudrais la quitter pendant trois mois.

MADELINE Oh, alors tu es un **mec** romantique ?

OLIVER J'aime à penser que je le suis.

MADELINE Ma mère m'a mis en garde contre des gars comme toi.

OLIVER Pourquoi ? Quel est le problème avec la romance ? Je suis sûr que je peux la convaincre qu'un peu de romance n'est pas mauvais.

MADELINE Elle **plaisante** en disant que je vais tomber amoureuse de quelqu'un et que je vais fuir avec lui. Je pense qu'elle veut que je vive à la maison pour toujours. Je ne pense pas que tu aies la moindre chance de la persuader. Mais tu pourrais être ami avec mon père. Il aime parler aux Américains. **Bref**, je dois me lever tôt demain, alors je devrais y aller.

OLIVER Peut-être que nous pourrons nous réunir à nouveau et que tu pourrais m'en dire plus sur ta famille. Si tu as le temps, voudrais-tu déjeuner avec moi samedi prochain ?

MADELINE Rien que nous deux ? Bien sûr, mais je ne peux pas déjeuner. Je suis occupée jusqu'au soir.

OLIVER Alors à quelle heure es-tu libre ?

MADELINE Je suis libre après 19h.

OLIVER Ok, je te retrouve à Notre-Dame à 20h. Est-ce que c'est bon pour toi ?

MADELINE Oui c'est bon. Il est tard. Je dois y aller. Donc, à samedi soir.

OLIVER J'en suis impatient. À samedi soir.

Vocabulary

petite amie - girlfriend
rêve - dream
réchauffer - warm up
filles - girls
Bonne chance - Good luck
chaise - chair
Également - Likewise
drôle - funny
le reste de ma vie - the rest of my life
Pareil pour moi - Same for me
quitter - to resign

amis - friends
En dehors de - Apart from
mec - guy
plaisante - joking
Bref - Anyway
J'en suis impatient - I look forward to it

Chapter 6

L'orientation

Oliver est à l'université et demande aux passants de se faire orienter vers l'accueil.

OLIVER Excusez-moi. J'essaie de trouver un accueil pour les nouveaux étudiants. Sais-tu où est-ce que c'est ?

VIEIL HOMME Je suis désolé, je ne suis pas étudiant ici. Je ne suis venu que pour aller aux toilettes.

OLIVER Ah ok. Merci quand même.

Excusez-moi. Savez-vous où est l'accueil ?

JEUNE FEMME Oui, j'en viens moi-même. Vous allez **tout droit** dans cette salle puis montez les escaliers à **gauche**.

OLIVER Les escaliers au bout du couloir ou les premiers escaliers desquels je viens ?

JEUNE FEMME Les escaliers à la fin. On peut y aller ensemble si vous voulez ?

OLIVER Non non. Je ne veux pas vous **déranger**. Merci pour votre aide, je pense que je peux trouver le chemin.

JEUNE FEMME Aucun problème. Si vous êtes perdu, vous pouvez demander à quelqu'un avec un **badge nominatif**.

Oliver arrive à l'accueil et rencontre un couple d'étudiants de deuxième année qui aident les nouveaux étudiants à s'inscrire.

OLIVER Excusez-moi, est-ce que je devrais m'inscrire pour ma **carte d'étudiant** et mon accès Internet ?

SIMONE Oui, en effet. Dans quelle faculté seras-tu ?

OLIVER Je suis un **étudiant d'échange** pour ce semestre. J'étudie l'histoire. Je m'appelle Oliver Petit.

SIMONE Salut Oliver. Je suis Simone et voici Henri. Je configurerai ton accès Internet et Henri t'aidera à récupérer ta carte d'étudiant.

HENRI Salut Oliver. Suis-moi et nous te ferons prendre en photo pour la carte d'étudiant. Alors, tu étudies l'histoire ? En quelle année es-tu ?

OLIVER C'est ma deuxième année mais je ne suis ici que pour ce semestre.

HENRI Oh vraiment ? J'étudie l'histoire en deuxième année aussi. Nous serons dans beaucoup des **conférences** ensemble.

OLIVER Oh super. Tu aimes étudier ici ? Est-ce une belle université ?

HENRI J'aime bien oui. Il y a une bonne **ambiance** et les parcours sont vraiment intéressants. Je te présenterai quelques-uns de nos **camarades** plus tard.

OLIVER Mais je pensais que les cours ne commenceraient que la semaine prochaine ?

HENRI C'est vrai, mais certains d'entre nous sont déjà dans la ville et nous déjeunons ensemble.

OLIVER Ça m'a l'air bien.

HENRI Ok, c'est l'endroit où tu vas prendre ta photo. Tu fais la queue ici, puis tu remets ton papier d'enregistrement au photographe. Je vais attendre là-bas. C'est là que tu récupères ta carte d'étudiant.

OLIVER Cela prendra-t-il longtemps pour obtenir la carte ?

HENRI Non, c'est presque instantané. Ce sera terminé dans quelques minutes. C'est vraiment rapide.

PHOTOGRAPHE Puis-je avoir ton papier d'enregistrement s'il te plaît ?

OLIVER Bien sûr. C'est là.

PHOTOGRAPHE Ok, reste derrière la ligne bleue et regarde dans l'appareil photo pendant que je saisis ton identifiant d'enregistrement.

OLIVER Quelle ligne bleue ? Oh, je le vois. Avez-vous un miroir ?

PHOTOGRAPHE Oui, il y en a un à ta droite.

OLIVER Oh, je suis content d'avoir vérifié. Mes **cheveux** sont **affreux**. Il fait un peu venteux dehors.

PHOTOGRAPHE Es-tu prêt ? Maintenant je vais prendre ta photo. 1 ... 2 ... 3 ... **souris** ! Ok, ta carte d'étudiant apparaîtra sur l'imprimante dans quelques secondes.

OLIVER Juste ici ? Ah, la voici. Je vous remercie.

HENRI Tu devrais **vérifier** que les détails sur la carte sont corrects.

OLIVER Tout va bien. Bien que j'aimerais pouvoir reprendre la photo.

HENRI Ne t'inquiètes pas, personne n'aime la photo sur sa carte d'étudiant. Tu devrais voir celle de mon permis de conduire. On dirait que je suis sur le point d'**éternuer**.

OLIVER Haha, peut-être que ma photo n'est pas si mauvaise après tout alors.

HENRI Revenons vers Simone et obtenons ton nom d'utilisateur Internet et ton mot de passe temporaire.

OLIVER OK, bien sûr.

HENRI Simone, l'accès Internet d'Oliver est-il prêt ?

SIMONE Oui, tout est prêt pour toi, Oliver. Voilà. Ceci est ton nom d'utilisateur et ton **mot de passe** temporaire. Tu peux changer le mot de passe la première fois que tu te connectes. Et en bas se trouve l'adresse électronique de ton université.

OLIVER Merci beaucoup. Est-ce que ça vous dérange si je me connecte et change mon mot de passe maintenant ? Je ne voudrais pas essayer ailleurs et devoir revenir pour le réparer.

SIMONE Assiais-toi. Laisse-moi rapidement me déconnecter et tu pourras ensuite te connecter à mon ordinateur.

OLIVER Ok, alors nom d'utilisateur. Et puis mot de passe. Nouveau mot de passe. Ré-entrez le nouveau mot de passe. Entrer. Ok, je suis dedans. Merci beaucoup. Vous pouvez avoir votre ordinateur à nouveau. Désolé pour le **dérangement**.

SIMONE Aucun problème. Déconnecte-toi afin que je puisse me reconnecter.

HENRI Tu es maintenant prêt. Que dois-tu faire maintenant ?

OLIVER Je veux vraiment en voir plus du campus, alors je vais me promener ce matin.

SIMONE Bonne idée. Ici, je vais te donner **une carte du campus** au cas où tu te perdrais.

OLIVER Ah merci. C'est très **utile**.

HENRI Et reviens ici vers midi et rejoins-nous pour le déjeuner.

OLIVER Ok je le ferai. À plus tard.

Vocabulary

tout droit - straight ahead
gauche - left
déranger - bother
badge nominatif - name badge
carte d'étudiant - student card
étudiant d'échange - exchange student
conférences - lectures
ambiance - vibe
camarades - classmates

cheveux - hair
affreux - frightful
souris - smile
vérifier - check
Ne t'inquiètes pas - Do not worry
d'éternuer - sneezing
mot de passe - password
dérangement - disturbance
une carte du campus - a map of the campus
utile - useful

Chapter 7

Les nouveaux camarades de classe

Oliver et ses camarades Henri, Simone, Charles et Liliane déjeunent ensemble et parlent de leurs films préférés.

HENRI Alors, Oliver, **quel genre de films** aimes-tu ?

OLIVER J'adore les **comédies**. Mon préféré est probablement *Home Alone*. La première fois que je l'ai vu, j'ai tellement ri que j'ai pleuré.

CHARLES Oh, c'est un classique. Mais le film a un titre différent en France. Ça s'appelle *Maman J'ai Raté L'Avion*.

OLIVER Wow, si différent du titre américain. Quel est ton genre de film préféré ?

HENRI J'aime aussi les comédies, mais je **préfère** les films d'action. N'importe quoi avec des **fusils** et des explosions.

CHARLES Oui, les scènes d'explosion dans les films sont géniales. **Plus c'est gros mieux c'est**.

SIMONE Les petits **garçons** adorent tous les films d'action stupides. Il n'y a pas d'histoire du tout.

LILIANE Je suis d'accord. Ils n'ont jamais de bons **acteurs** non plus.

HENRI **Au moins**, quelque chose se passe à l'écran. Bien mieux qu'un couple qui parle de leurs sentiments pendant deux heures.

SIMONE Je n'ai pas dit que j'aimais les films romantiques. Juste que les films d'action sont stupides. Si vous voulez savoir, mon film préféré est *Les **Évadés*** avec Morgan Freeman.

OLIVER Je ne connais pas celui-là. Est-ce bien ?

SIMONE C'est le meilleur film de tous les temps. Je suis sûr que tu l'as vu. Le titre original est *The Shawshank Redemption*.

OLIVER Ah ok. Bien sûr, je connais celui-là. Je pense que c'est le favori de beaucoup de gens.

CHARLES A-t-il un titre différent en Amérique ?

OLIVER Non, ça s'appelle *The Shawshank Redemption*. Le film est une adaptation du livre de Stephen King *Rita Hayworth and Shawshank Redemption*.

LILIANE Wow, quel titre **étrange** !

CHARLES Très étrange.

OLIVER L'un de vous est-il allé au cinéma **récemment** ? Il y a quelques bons films en ce moment.

LILIANE Je suis allé la semaine dernière avec ma sœur voir le nouveau drame de Steven Spielberg. C'est un **réalisateur** brillant.

CHARLES Les directeurs ont trop de crédit. Si l'écriture est mauvaise, peu importe ce que le réalisateur fait, il ne peut pas réussir le film.

HENRI Je ne suis pas d'accord. Disons qu'il y a deux films avec de bons écrivains. On a un bon directeur et on a un **mauvais** directeur. Il est ensuite évident que l'un des films est le meilleur.

CHARLES Bon point. Mais je crois que les acteurs sont les facteurs les plus importants pour faire un bon film.

SIMONE Oui, je ne regarderai pas un film si le jeu des acteurs est vraiment mauvais. Je suis même partie pendant un film **auparavant**.

OLIVER Quel est le nom du film ?

SIMONE Je ne le dirai pas juste au cas où tu l'aimerais. Je ne veux pas t'offenser.

OLIVER Haha, pas de problème. Je suis sûre que je ne serai pas offensée. J'aime beaucoup de films que mes amis **détestent** et ils se moquent de moi parce que je les aime bien.

CHARLES Assez parlé des films. Quelqu'un a-t-il vu le calendrier pour ce semestre ? Nous avons les lundis et jeudis totalement libres. C'est bien.

SIMONE Quel chanceux tu es. J'ai des **cours** tous les jours, même le lundi, je dois venir pour une heure de conférence à 9h puis je suis libre le reste de la journée. Je suppose que cela me donne une raison de me lever un lundi matin.

OLIVER Oh, je pensais que tu étudiais l'histoire aussi ?

SIMONE Non non. Ma **majeure** est les mathématiques.

LILIANE J'aime que nous ayons deux jours de libre. Désolé Simone. Mais cela signifie que je peux changer mes heures de travail, je ne travaille donc que huit heures deux jours par semaine plus le week-end au lieu de quatre heures par jour réparties sur quatre soirées.

HENRI Travailles-tu toujours au magasin de **jouets** ?

LILIANE Oui. Je travaillais à **plein temps** pendant l'hiver. C'était tellement occupé avec des gens qui deviennent fous avec les achats de **Noël**. C'était bien de gagner de l'argent supplémentaire cependant.

OLIVER Avez-vous tous des emplois à **temps partiel** ?

CHARLES Moi non. Je joue de la guitare dans un groupe et nous avons parfois des concerts le week-end. Avec ces deux jours de congé, je peux pratiquer beaucoup plus.

LILIANE En plus d'étudier beaucoup plus aussi. Plus de copie de mes notes comme vous l'avez fait le semestre dernier. Pas vrai Charles ?

CHARLES Naturellement Liliane. Mais tes notes sont toujours aussi bonnes. Tu devrais être **flattée**.

HENRI Et toi Oliver ? Que feras-tu avec ces deux jours de libres ?

OLIVER Je ne m'attendais vraiment pas à avoir ce temps libre. Je pensais que je serais occupé en classe tout le temps. Peut-être que je chercherai aussi un emploi à temps partiel. Je ne pense pas que je serai motivé pour étudier si je n'ai pas à venir à l'université.

SIMONE C'est comme moi. Si je ne suis pas là, je n'ai pas envie d'étudier chez moi. Je suppose que mon emploi du temps est meilleur que le vôtre alors.

CHARLES Mieux si vous êtes un geek. **Pire** si vous avez une vie sociale comme moi. Notre emploi du temps est bien meilleur.

LILIANE Ne l'écoute pas Simone. Il est juste **jaloux** que tu obtiennes de bien meilleures **notes** que lui.

CHARLES Qui a besoin de bonnes notes quand on est une rock star internationale ?

LILIANE Pff, tu n'as écrit que deux chansons originales. Vous chantez surtout les chansons des autres groupes.

CHARLES Eh bien, avec les deux jours supplémentaires, je peux écrire plus de chansons. Des chansons plus géniales je devrais dire.

HENRI Vous pouvez écrire une chanson par semaine et ensuite votre groupe pourra peut-être **enregistrer** un album à la fin du semestre.

CHARLES Exactement. Et ça va devenir un énorme succès. Ensuite, nous verrons à quel point les notes sont importantes.

SIMONE Ok, revenons à la réalité. Allez Henri. Nous devrions revenir à l'orientation.

HENRI Bien sûr, Simone. Oliver, on se retrouve mercredi pour le déjeuner à Sainte-Chapelle **si tu veux nous rejoindre** ?

OLIVER Bien sûr, ça me paraît bien. Je vais à la bibliothèque maintenant, et je reviendrai avec vous les gars.

Vocabulary

quel genre de films - what kind of movies
comédies - comedies
préfère - prefer

fusils - guns
Plus c'est gros mieux c'est - The bigger it is, the better
garçons - boys
acteurs - actors
Au moins - At least
Évadés - escapees
étrange - strange
récemment - recently
réalisateur - director
mauvais - bad
auparavant - previously
détestent - hate
cours - course
majeure - major
jouets - toys
plein temps - full-time
Noël - Christmas
temps partiel - part-time
flattée - flattered
Pire - Worse
jaloux - jealous
notes - grades
enregistrer - record
si tu veux nous rejoindre - if you want to join us

Chapter 8

La ville de Paris

Oliver et ses camarades de classe se promènent dans un marché du quartier latin à Paris.

HENRI Oliver, tu devrais essayer les crêpes ici. Ce sont les meilleures.

OLIVER Oh oui ? De quel genre sont-ils ?

HENRI Je recommande la banane et le Nutella. Délicieux.

OLIVER Super, j'adore le chocolat.

RAFIKI Hé, désolé je suis en retard. Avez-vous déjà mangé les gars ?

CHARLES Non, nous t'attendions. C'est Oliver, notre nouveau camarade de classe ce semestre. Oliver, voici Rafiki.

RAFIKI Ravie de te rencontrer Oliver. Je suis sûre que nous apprendrons à nous connaître plus tard, mais pour le moment je meurs de faim. **Mangeons**.

HENRI Je disais à Oliver quelles crêpes sont les meilleures.

RAFIKI Oh je vois. Eh bien, je vais chercher un hamburger au tofu.

OLIVER Hmm, un burger au tofu, ça sonne bien.

HENRI Oliver, non. Tu n'auras pas de burger au tofu lors de ta première visite à Paris. Tu dois te procurer une crêpe ou tu quitteras le groupe pour toujours !

OLIVER Wow, quel groupe difficile. Ok, alors je vais prendre la banane et le Nutella.

HENRI Bien. C'est une banane et Nutella pour toi et un jambon classique et fromage pour moi. Liliane, qu'est-ce que tu veux ?

LILIANE Oh je ne peux pas décider. Peut-être que je vais juste prendre un bol de **frites**.

HENRI Ok Oliver, commandons juste le nôtre pour le moment. Liliane et Charles n'ont toujours pas décidé et Rafiki peut commander elle-même son **hamburger en carton**.

OLIVER Je n'ai pas d'argent. Puis-je payer avec ma carte ?

HENRI Garde ton argent. C'est un honneur de t'offrir ta première crêpe à Paris.

Le groupe a terminé son déjeuner et est sur le point d'entrer dans la Sainte-Chapelle.

RAFIKI Miam. J'adore le burger au tofu de là-bas.

OLIVER Ça avait l'air délicieux. Peut-être que je le prendrai la prochaine fois.

RAFIKI Je le recommande fortement. Alors, es-tu déjà entré dans la chapelle ?

OLIVER Pas encore. Je suis passé plusieurs fois mais je ne savais pas si c'était **ouvert** au public.

RAFIKI Je peux me tromper mais je pense que c'est ouvert tout le temps. Liliane, connais-tu les heures d'ouverture de la chapelle ?

LILIANE Je pense que c'est ouvert pendant les heures normales de bureau. Alors peut-être jusqu'à 17h. Au moins jusqu'à 15 heures, c'est sûr.

RAFIKI Tant que c'est ouvert maintenant, c'est l'essentiel.

OLIVER Oui, j'ai hâte de voir à l'intérieur si c'est aussi beau que l'extérieur.

CHARLES Je vais chercher la porte pour vous. Pour entrer. **L'âge avant la beauté**.

LILIANE Allons. Ton anniversaire est un jour après le mien.

CHARLES Oui, mais je crains que le dicton signifie que nous devons toujours entrer en fonction de l'âge et de la beauté, avec le plus jeune et le plus beau à la fin, moi !

LILIANE Désolé Oliver. Je parie que tu souhaiterais ne jamais nous avoir rencontrer.

OLIVER C'est bien. Je m'amuse. Et la chapelle est vraiment cool. Il est difficile de concevoir la quantité de travail nécessaire pour construire quelque chose comme ça et tous les petits détails sont parfaits.

HENRI J'aime particulièrement tous les **vitraux**. Tu ne peux jamais deviner à quel point ils sont incroyables vus de l'extérieur.

OLIVER J'aurais dû apporter ma caméra.

HENRI Il suffit d'utiliser celle de ton téléphone.

OLIVER Ah, je parle de ma caméra professionnelle. Elle aurait parfaitement capturé la **lumière** ambiante.

CHARLES N'importe quoi. J'ai une application sur mon téléphone qui peut ajouter des filtres aux photos. Ici, regarde. Tu vois ?

OLIVER Agréable. Mais je doute que ça rende bien sur l'ordinateur. Whoa, ces orgues sont superbes. C'est incroyable qu'ils puissent être installés d'une manière unique comme celle-là. Ils ont l'air modernes malgré leurs centaines d'années. Je reviendrai vraiment ici avec mon appareil photo.

Le groupe a quitté la Sainte-Chapelle et se promène le long de la rivière.

HENRI Tu vois cette **fontaine** là-bas ?

OLIVER Je l'ai remarquée le week-end dernier mais c'était le soir.

CHARLES Tu peux y boire. **Va-y**.

LILIANE Ne l'écoute pas, c'est un idiot.

OLIVER Qu'y a-t-il de si spécial à ce sujet ?

HENRI C'est la Fontaine d'Amour. As-tu entendu parler de cela ?

OLIVER Non. Est-ce célèbre ?

RAFIKI Il y a une superstition qui dit que si tu tombes accidentellement dans la fontaine, tu **épouseras** quelqu'un d'ici.

OLIVER Oh je vois. Donc, elle a des **pouvoirs magiques** ?

HENRI Ta mère n'est-elle pas parisienne, Oliver ? Est-ce qu'elle t'en a parlé ou t'a montré des photos ?

OLIVER Elle n'a rien dit à ce sujet. Et je n'ai jamais demandé. Mais je suis content de ne pas l'avoir demandé car je pourrai tout découvrir par moi-même. Comme cette fontaine.

HENRI C'est juste une superstition.

CHARLES Je l'ai entendue aussi. Quelle absurdité. Si tu connais la superstition et que tu tombes à l'eau, **évite** les habitants de Paris.

LILIANE Je pense que tu devrais faire très attention à ne pas tomber. Il serait vraiment dommage qu'une Parisiene soit coincée avec toi !

Vocabulary

Ravie de te rencontrer - Nice to meet you
Mangeons - Let's eat
frites - fries
hamburger en carton - cardboard burger
ouvert - open
L'âge avant la beauté - Age before beauty
vitraux - stained glass
lumière - light

Agréable - Nice
fontaine - fountain
Va-y - Go ahead
épouseras - marry
pouvoirs magiques - magical powers
évite - avoid

Chapter 9

Le grand magasin

*Après le déjeuner, Oliver se rend au grand magasin pour acheter un oreiller. Une **vendeuse** vient et propose de l'aider.*

VENDEUSE Bonjour. Puis-je vous aider ?

OLIVER Bonjour. Pourriez-vous me dire combien coûte cet oreiller ? Je ne trouve pas l'étiquette de prix.

VENDEUSE Bien sûr. Celui-ci est à quatre vingt quinze euros et quatre vingt dix neuf centimes.

OLIVER Whoa, presque cent euros pour un oreiller. Pourquoi cela coûte si cher ?

VENDEUSE Ce n'est pas tant que ça. **En fait**, c'est l'un de nos modèles de milieu de gamme.

OLIVER Ok, mais qu'est-ce qu'il a de si spécial ?

VENDEUSE Il est rempli de **plumes d'oie** d'Europe et l'extérieur est en coton 100% **biologique**.

OLIVER Mais celui-ci dit aussi qu'il a des plumes d'oie et qu'il est organique mais qu'il coûte soixante-dix-neuf euros.

VENDEUSE La différence est le nombre de **fils**. Plus le nombre de fils est élevé, plus il sera coûteux.

OLIVER Je ne pense pas que cela compte pour moi. Je veux juste quelque chose qui soit ferme.

VENDEUSE Eh bien, vous devez considérer le confort. Vous dormirez dessus environ huit heures chaque soir après tout.

OLIVER Oui, mais cent euros reste un gros investissement.

VENDEUSE Ok, alors quel est votre budget ?

OLIVER J'espérais acheter quelque chose pour une vingtaine d'euros.

VENDEUSE Notre modèle le plus basique coûte vingt-quatre euros et quatre vingt dix neuf centimes. Il est fait de plumes et de matériaux synthétiques.

OLIVER Pourriez-vous me le montrer ?

VENDEUSE Certainement, le voici.

OLIVER Oh, ça n'est même pas présenté dans un **sac de protection**. C'est juste mis en vrac sur l'étagère. Je suppose que beaucoup de gens l'ont déjà touché.

VENDEUSE Bien sûr. Mais je ne recommanderais pas cet oreiller de toute façon. Bien qu'il soit bon marché, il ne vous apportera pas le support que vous recherchez.

OLIVER Je ne pense pas que ce soit peu cher, mais cela semble être fabriqué bon marché. Et ce n'est pas du tout ferme comme vous l'avez dit.

VENDEUSE Non, nous n'en vendons pas beaucoup. Laissez-moi vous montrer un meilleur modèle qui est en vente pour le moment.

OLIVER Ce serait génial, merci.

VENDEUSE Celui-ci coûtait soixante-deux euros, mais seulement quarante-neuf euros et cinquante centimes maintenant.

OLIVER Ah ok. Ce n'est pas beaucoup pour un **rabais**. Avez-vous quelque chose qui a été réduit encore plus ?

VENDEUSE Oui, il y en a un de plus à ce que je sache. Celui-ci est quarante pour cent moins cher. Maintenant, seulement quarante-quatre euros.

OLIVER Ok, et je vois qu'il a aussi les plumes d'oie et le coton biologique. N'est-ce pas juste une **caractéristique** de tous vos oreillers ?

VENDEUSE Pas tous. Nous avons des **oreillers en mousse** qui épousent la forme de votre **tête**.

OLIVER Hmm, ça me paraît bien. J'ai entendu parler de ceux-là mais je n'ai jamais essayé. Est-ce que vous les recommandez ?

VENDEUSE Oui. Personnellement, je n'en utilise pas, mais j'ai entendu de nombreuses critiques positives de la part de ceux qui le font.

OLIVER Et combien les vendez-vous ?

VENDEUSE Notre collection d'oreillers en mousse commence à cinquante-neuf euros.

OLIVER C'est seulement quinze euros de plus que l'oreiller à prix réduit. Puis je le voir ?

VENDEUSE C'est là, mais je ne peux pas vous laisser le sortir du sac. Vous pouvez toucher ce **modèle d'affichage**.

OLIVER Oh oui, c'est agréable et **ferme**.

VENDEUSE Et il devrait conserver ce niveau de fermeté pendant toute la durée de vie du produit.

OLIVER C'est bon. Bien que je reste juste pour le semestre et doute de le ramener à la maison avec moi. Mais si je paie autant pour un oreiller, je devrais peut-être le ramener à la maison.

VENDEUSE Oui, c'est une bonne idée. Si vous le souhaitez, je peux emmener celui-ci à la caisse pour vous et vous pouvez payer une fois vos achats terminés ?

OLIVER Un moment. J'ai une question. Suis-je capable d'essayer l'oreiller pendant quelques nuits puis de le retourner s'il ne convient pas ?

VENDEUSE Les articles doivent être retournés dans leur état d'origine pour être **échangés**.

OLIVER Oui, mais puis-je obtenir un **remboursement** même si j'utilise l'oreiller ?

VENDEUSE Pour un échange, j'ai bien peur que vous deviez retourner l'oreiller pendant qu'il est encore dans le sac et qu'il n'a pas été utilisé.

OLIVER Ok, cela ne semble pas juste. De plus, je ne récupérerais pas mon argent, je devrais échanger. Est-ce correct ?

VENDEUSE Oui c'est correct. Mais alors vous pouvez aller chercher l'autre oreiller avec les plumes. Alors, devrais-je mettre ceci à la caisse pour vous ?

OLIVER J'aimerais y réfléchir un peu plus.

VENDEUSE Vous ne devriez pas attendre si longtemps, car la vente pourrait prendre fin. Il vaut mieux l'acheter maintenant.

OLIVER En fait, je regarderai plus autour de moi, puis je reviendrai, d'accord?

VENDEUSE Quand reviendrez-vous ?

OLIVER Je ne suis pas sûr, peut-être plus tard ou un autre jour.

VENDEUSE Ok, pas de problème. À votre retour, demandez Sandra.

OLIVER Ok, mais je ne sais pas quand ni si je reviendrai. Merci de votre aide. Au revoir.

Vocabulary

vendeuse - saleswoman

En fait - In fact

plumes d'oie - goose feathers

biologique - organic

fils - thread

sac de protection - protective bag

rabais - discount

caractéristique - feature

oreillers en mousse - foam pillows

tête - head

modèle d'affichage - display model

ferme - firm

échangés - exchange

remboursement - refund

Chapter 10

La première date

C'est samedi soir et Madeline a 20 minutes de retard pour son rendez-vous avec Oliver.

MADELINE Excuse moi pour mon retard. Il y avait beaucoup de **traffic**.

OLIVER Ce n'est pas un problème. Je n'attends pas depuis longtemps. Attend, tu n'as pas pris le métro ?

MADELINE Ok, tu m'as eue. En fait, j'ai pris trop de temps pour me préparer. Comment vas-tu ?

OLIVER Je vais bien merci. Et toi ?

MADELINE Bien aussi.

OLIVER Euh, as-tu un restaurant en tête où tu aimerais manger?

MADELINE Pas vraiment. Je n'ai pas faim.

OLIVER D'accord. J'ai entendu parler d'un endroit près de la Fontaine d'Amour qui fait toutes sortes de soufflés si tu veux essayer ça ?

MADELINE Bien sûr. Tout ce que tu aimes est bien pour moi.

OLIVER OK allons-y. Je pense que c'est juste ici. Tu es vraiment jolie ce soir.

MADELINE Pas vraiment. Mais tu es gentil de le dire.

OLIVER Mais cette robe te va vraiment bien. Je l'aime bien. Et où as-tu eu ce **collier** ?

MADELINE Ce sont mes grand-mères. Elles me l'ont donné à mon dix-huitième anniversaire.

OLIVER Oh sympa. Tes grand-mères vivent toujours à Paris ?

MADELINE Oui, je vais les voir tout le temps. C'est vraiment sympa de parler avec elles. Oh, tu pensais à cet endroit ? Je suis venue ici une seule fois auparavant. Ce sera bien d'essayer un autre plat du menu cette fois-ci.

OLIVER Génial. Je suis content que cela t'ait plu et que ça ne te dérange pas de revenir. Là, laisse-moi t'ouvrir la porte.

MADELINE Quel gentleman !

Oliver et Madeline se sont assis et regardent le menu.

OLIVER Alors, qu'est-ce que tu as pris la dernière fois ?

MADELINE J'ai commandé le plat spécial maison. Il est servi avec trois types de fromages.

OLIVER Oh, ça a l'air délicieux. Je pensais à l'**hawaïen**. J'aime l'**ananas**.

MADELINE Bon choix. Je pense que j'aimerais aussi en essayer un qui ne soit pas avec du fromage cette fois-ci. Peut-être le **chou-fleur** et la **ciboulette**.

OLIVER Oh oui, j'ai aussi vu celui-là. Pourquoi on ne commanderait pas l'hawaïen et le chou-fleur pour les partager ? Tu prendras la moitié du miens et je vais prendre la moitié du tiens.

MADELINE Ok c'est d'accord. Et j'espère que tu pourras m'aider à manger de la salade et du pain. Je ne pense pas pouvoir manger autant.

OLIVER Bien sûr, je peux t'aider. Alors, ils donnent de grandes portions ici ?

MADELINE Pas spécialement grandes mais trop grandes pour moi. Normalement, je ne mange pas beaucoup. J'essaie de **perdre du poids**.

OLIVER Tu n'as pas besoin de t'inquiéter. Tu as un **corps** magnifique. Euh, je veux dire que tu n'es pas grosse du tout.

MADELINE Haha merci. Tu dis ça simplement pour être gentil.

OLIVER Pas vraiment. Tes vêtements te vont parfaitement. Ta robe ce soir est très jolie.

MADELINE Oui, tu l'as déjà dit.

OLIVER Eh bien c'est vrai.

MADELINE Quoi qu'il en soit, assez parlé de moi, appelons la serveuse.

OLIVER Haha ok. La voici qui vient maintenant.

MADELINE Au fait, tu es beau ce soir aussi.

OLIVER Merci.

Après le repas, Oliver et Madeline discutent devant le restaurant.

OLIVER C'est une belle nuit. Je vais te raccompagner à la maison.

MADELINE Es-tu sûr ? C'est dans **la direction opposée** à la tienne. Je peux juste prendre le tram.

OLIVER Ce n'est pas un problème. Quoi qu'il en soit, je veux m'assurer que tu rentres chez toi en toute sécurité.

MADELINE Oh, alors tu penses pouvoir me protéger ?

OLIVER Bien sûr, je peux. Je vais au gymnase tu sais. Enfin, je prévois d'aller au moins au **gymnase**.

MADELINE Oh, alors peut-être que c'est moi qui dois te protéger.

OLIVER Ok, tu peux me raccompagner à la maison avant. Je plaisante. Est-ce par là ?

MADELINE Oui, dans cette rue et ensuite c'est une route droite qui mène à mon appartement. Il fait **plutôt** sombre, as-tu besoin de moi pour te tenir la **main** ?

OLIVER Ha ha peut-être.

MADELINE Aw, ne t'inquiète pas. C'est un beau quartier. Rien ne va se passer.

OLIVER Tenons-nous la main quand même. Même si ce n'est que pour l'équilibre.

MADELINE Whoa, comme c'est romantique. Ne peux-tu pas t'équilibrer toi-même ?

OLIVER Je t'ai dit, je prévois d'aller à la gym. Je n'ai pas encore commencé. Regarde, vois ce qui se passe quand tu ne me tiens pas la main.

MADELINE Oh oui, je vois. Surveille ton pas, tu ne veux pas tomber **accidentellement** dans la fontaine.

OLIVER Quelle fontaine ? Woah !

MADELINE Fais attention !

Vocabulary

traffic - traffic
collier - necklace
hawaïen - Hawaiian
ananas - pineapple
chou-fleur - cauliflower
ciboulette - chive
perdre du poids - lose weight
corps - body
la direction opposée - the opposite direction
gymnase - gym

plutôt - rather
main - hand
accidentellement - accidentally
Fais attention - Be careful

Bonus

Oliver envoie un courrier électronique à son père pour l'informer de ce qu'il a fait la semaine dernière.

Pour : bigpetit@internet.com
Objet : Ma première semaine à Paris

Bonjour papa,

Depuis que je suis en France, je vous écrirai en français. Je suis arrivé ! Ça a été une bonne semaine. Je m'entends très bien avec mon nouveau colocataire, Fabien. Il vient de Strasbourg. Nous sommes allés dîner le premier soir et j'ai mangé du coq au vin. C'était délicieux. Vous l'auriez absolument adoré. Et j'ai bu ma première bière française. La bière française est incroyable. Je pense que vous saviez déjà que je vous dirais ça !

Mes camarades de classe sont vraiment cool. Nous nous sommes promenés ensemble dans Paris et j'ai vraiment appris à les connaître. Je prévois d'aller au gymnase avec l'un d'eux et il dit qu'il m'aidera à prendre de la masse. J'ai aussi rencontré une française. Elle s'appelle Madeline. Nous sommes allés à un rendez-vous hier soir et j'espère pouvoir la revoir le week-end prochain. Elle m'a tellement parlé de Paris. J'ai hâte d'en découvrir plus sur cette ville avec elle. Je voulais prendre une photo avec elle au dîner, mais je m'amusais tellement que j'oubliais.

J'ai entendu dire qu'en France, les gens sont parfois impolis, mais tout le monde a été très amical. Je ne sais pas où ils ont cette réputation. Bien que je sois allé acheter un oreiller dans le grand magasin et la vendeuse était très envahissante. Mais je pense que cela est normal pour les vendeurs de partout, pas seulement en France. Quoi qu'il en soit, Fabien et moi allons à IKEA la semaine prochaine et j'achèterai un oreiller à partir de là. La semaine prochaine, je vais aussi avec ma mère chez mes parrains, alors ça devrait être amusant.

Qu'avez-vous fait ? Êtes-vous seul là-bas sans maman et moi ou aimez-vous avoir toute la maison pour vous ?

Amour,
Oliver

Chapter 11

Le dîner de famille

Oliver et certains membres de sa famille dînent ensemble au domicile de son grand-père.

MME PETIT Pour l'amour du ciel, Bernadette, regarde combien de nourriture tu as préparé. Nous ne sommes que cinq. Comment allons-nous manger tout ça ?

TANTE BERNADETTE Oh, ce n'est vraiment rien. Quoi qu'il en soit, Oliver a l'air trop maigre. Il a besoin de manger plus d'aliments **nutritifs** cuits à la maison.

MME PETIT C'est vrai. Dieu sait ce qu'il mange quand il est à la fac avec ses amis.

OLIVER Je mange **sain** tout le temps. Mais cela a l'air génial tante Bernadette.

MME PETIT Cela a-t-il l'air plus **savoureux** que la nourriture que je te prepare ?

OLIVER Bien sûr que non, maman. La tienne est la **meilleure**.

MME PETIT Tu as intérêt au dire, mais merci quand même.

ONCLE FRANÇOIS Ne sois pas **poli**. Commence à manger.

TANTE BERNADETTE Attend un instant. Avant de manger, prenons une photo de famille autour de la table. **Qui sait** quand Oliver et toi reviendrez nous rendre visite.

MME PETIT Oliver, assied-toi à côté de grand-père.

GRAND-PERE TRAVERS Les **beaux hommes** à l'avant, n'est-ce pas Oliver ?

OLIVER Exactement grand-père.

ONCLE FRANÇOIS Je devrais aussi m'asseoir à l'avant.

TANTE BERNADETTE Continue à rêver François ! Tu restes à l'arrière avec ta sœur et moi. Ok, la caméra est **prête**.

MME PETIT Tu n'as pas appuyé sur la **minuterie**. Comment vas-tu prendre la photo ?

TANTE BERNADETTE Mon téléphone est connecté à cette télécommande via Bluetooth. Il me suffit d'appuyer sur ce bouton de la télécommande pour que mon téléphone prenne la photo.

MME PETIT Oh, **malin** !

TANTE BERNADETTE Tout le monde sourit. Je vais en prendre quelques-unes et supprimer les mauvaises plus tard. Grand-père, je vais en imprimer une belle pour toi et la mettre dans un **cadre**, d'accord ?

GRAND-PERE TRAVERS Génial. Je n'ai aucune photo de moi et de mon petit-fils ensemble.

ONCLE FRANÇOIS La nourriture devient froide, mangeons. Tiens Oliver, prends de la **soupe à l'oignon**.

OLIVER Merci oncle François. Peux-tu me passer les **croûtons** ?

ONCLE FRANÇOIS Bien sûr. Alors, as-tu déjà rencontré des Françaises ?

TANTE BERNADETTE On ne veut pas savoir. Que penses-tu de Paris ? C'est beau, non ?

OLIVER Très beau. Plus que ce à quoi je m'attendais.

TANTE BERNADETTE Je m'assurerai que tes cousins te contactent et te fassent visiter les lieux.

GRAND-PERE TRAVERS Que penses-tu de la soupe ? Est-ce bon ? Est-ce mieux que la soupe américaine ?

OLIVER Certainement beaucoup mieux qu'en Amérique. Le style américain ne peut pas se comparer. Mais je préfère vraiment les pommes de terre et autres légumes ici. Ils ont un goût très **frais** en France.

ONCLE FRANÇOIS Nous avons une meilleure **réglementation agricole** ici que l'Amérique.

MME PETIT Qu'en est-il de cette flamiche ? L'avez-vous faite vous-même ou l'avez-vous acheté au magasin ?

TANTE BERNADETTE Papy l'a fait. C'est une **recette secrète** de famille.

MME PETIT Pourquoi ne m'as-tu pas appris la recette, papa ?

GRAND-PERE TRAVERS Je veux que la recette reste en France. Si tu déménages ici définitivement Oliver, je te l'enseignerai. **Ça marche ?**

OLIVER Haha, très **tentant** grand-père.

ONCLE FRANÇOIS Tu as maintenant une autre raison de te trouver une petite amie à Paris.

MME PETIT Il est trop tôt pour penser aux copines. Concentre-toi sur tes études avant de commencer à sortir avec une fille.

TANTE BERNADETTE Exactement. J'ai dit la même chose à Winnie. Je ne pense pas qu'elle m'écoute cependant. Elle sort tout le temps avec ses amis, alors je suis sûre qu'elle sort avec un garçon.

ONCLE FRANÇOIS Tant qu'elle ne ramène aucun garçon à la maison.

TANTE BERNADETTE Elle a de bonnes **notes**, alors cela ne nous dérange pas qu'elle passe du temps avec ses amis. Mange Oliver. Il y en a pour tous les goûts. Prend autant que tu veux.

OLIVER Merci tante Bernadette. Je suis en train de devenir plein.

TANTE BERNADETTE N'oublie pas de réserver de la place pour le dessert.

GRAND-PERE TRAVERS Il y a toujours de la place pour le dessert.

ONCLE FRANÇOIS Ton grand-père dit toujours qu'il a un **estomac** supplémentaire, surtout pour le dessert. Aimes-tu les aliments sucrés ?

OLIVER J'adore ça. Le chocolat ici est **incroyable**. Beaucoup plus sucré que le chocolat américain.

TANTE BERNADETTE Je suis heureuse que tu dises cela parce que nous avons des éclairs au chocolat avec de la **glace au chocolat**.

OLIVER Génial. J'ai toujours voulu essayer un authentique éclair de France.

MME PETIT Aucun pour moi. Je n'ai rien fait d'autre que de manger depuis mon arrivée la semaine dernière. Je dois faire un **régime** ou je serai trop grosse pour prendre l'avion.

ONCLE FRANÇOIS Peut-être juste un petit morceau pour toi aussi, Oliver. Les filles n'aiment pas les gars avec un gros **ventre**. Elles préfèrent un gars avec des **abdos**.

GRAND-PERE TRAVERS Fais ce que j'ai fait. Trouve une belle femme pendant que tu es en forme et mince. Ensuite, après votre **mariage**, vous pouvez manger autant de gâteau que vous le souhaitez.

MME PETIT Papa, ne sois pas si **cru**.

GRAND-PERE TRAVERS Ce n'était pas que moi. Ta mère a grossi aussi !

Vocabulary

Pour l'amour du ciel - For the love of God
nutritifs - nutritious
sain - healthy
savoureux - tasty
meilleure - best
poli - polite
Qui sait - Who knows
beaux hommes - handsome men
Continue à rêver - Keep dreaming
prête - ready
minuterie - timer
malin - clever
cadre - frame

soupe à l'oignon - onion soup
croûtons - croutons
frais - fresh
réglementation agricole - agricultural regulation
recette secrète - secret recipe
Ça marche ? - Deal?
tentant - tempting
notes - grades
estomac - stomach
incroyable - incredible
glace au chocolat - chocolate ice cream
régime - diet
ventre - belly
abdos - abs
mariage - marriage
cru - crude

Chapter 12

Le premier jour du semestre

Oliver participe à une conférence sur l'histoire de Paris.

PROFESSEUR BEAUMONT Dès le milieu du 3ème siècle avant JC, les Parisii, une sous-tribu des **Senones celtiques**, habitaient la région parisienne.

OLIVER Psst Henri, que veut dire habitaient ?

HENRI Il veut dire que personne ne vit à Paris, mais ensuite des gens sont arrivés et ont créé une communauté.

OLIVER Ah, comme quand les Anglais sont arrivés en Amérique, par exemple ?

HENRI Exactement.

PROFESSEUR BEAUMONT Avant 2018, la faculté des sciences humaines de l'Université de la Sorbonne était active dans ce qui s'appelait l'Université Paris-Sorbonne. Quelqu'un sait-il pourquoi 1971 a été une année importante pour l'Université Paris-Sorbonne ? Oui, vous **à l'avant**. Quel est votre nom ?

HANNA Je m'appelle Hanna Desailly.

PROFESSEUR BEAUMONT Et pouvez-vous me dire, mademoiselle Desailly, pourquoi 1971 était si spéciale ?

HANNA Est-ce parce que c'est quand l'université a ouvert ?

PROFESSEUR BEAUMONT Exact. En fait, à la suite des manifestations étudiantes de mai 1968, l'Université de Paris a cessé d'exister et l'Université Paris-Sorbonne a **hérité** de la Faculté des lettres et sciences humaines, dont vous faites tous partie.

MARCEL Professeur Beaumont, est-ce que quelque chose s'est passée à Paris pendant la **seconde guerre mondiale** ?

PROFESSEUR BEAUMONT Et vous vous appelez ?

MARCEL C'est Marcel Fontaine.

PROFESSEUR BEAUMONT Eh bien, monsieur Fontaine. Les Allemands ont rapidement **vaincu** l'armée française en 1940, peu après le début de la guerre. Les années qui ont suivi ont été très tragiques, comme vous le savez sans doute. Quelqu'un voudrait-il dire à l'auditoire quelque chose de positif qui s'est passé après la guerre ? Oui, **à l'arrière**. S'il vous plaît dites votre nom et dites-nous ensuite ce que vous savez.

OLIVER Je m'appelle Oliver Petit. J'ai lu qu'après la guerre, les femmes **avaient** le droit de voter pour la première fois. En 1946, je crois.

PROFESSEUR BEAUMONT Merci, monsieur Petit. Et est-ce un accent américain que je détecte ?

OLIVER Oui, je viens de New York.

PROFESSEUR BEAUMONT Eh bien, monsieur Petit, vous avez raison en ce qui concerne le vote, mais vous avez tort en ce qui concerne l'année. Les femmes ont bien voté lors des premières **élections municipales** de l'après-guerre, mais on était en 1945. Oui, la personne assise **à côté** de M. Petit. Avez-vous quelque chose à ajouter ?

HENRI Oui, professeur. Je crois que toutes les femmes n'étaient pas autorisées à voter. Les femmes ne pouvaient voter que si elles savaient **lire et écrire** et si elles dépassaient un certain âge. Oh, pardon, je m'appelle Henri, Henri Rivas.

PROFESSEUR BEAUMONT C'est exact, monsieur Rivas. Dans de nombreux pays, le droit de vote des femmes était assorti de nombreuses restrictions. Nous étudierons plus en détail ce **phénomène** au cours de ce semestre. Est-ce que quelqu'un sait où en est la population parisienne ?

HANNA Est-ce environ un million ?

MARCEL Je dirais que c'est plutôt 1,5 million.

PROFESSEUR BEAUMONT Pas tout à fait. Quelqu'un d'autre voudrait-il deviner ? Oui, toi avec la chemise rose.

PING Je m'appelle Ping Dong. Est-ce un demi-million ?

PROFESSEUR BEAUMONT Merci M. Dong. C'est aussi incorrect. Ok, tout le monde, s'il vous plaît, **levez la main** si vous pensez que c'est plus d'un million. Et maintenant moins d'un million. Ok, bien, les gens qui ont dit plus ont raison.

MARCEL M. Beaumont, je viens de chercher en ligne et il est écrit qu'il y a environ 2,2 millions de personnes.

PROFESSEUR BEAUMONT Ah, la technologie. C'est exact, monsieur Pontaine.

MARCEL C'est Fontaine, M. Beaumont.

PROFESSEUR BEAUMONT Non, je vous ai cherché en ligne et il est écrit Pontaine. Par conséquent, Internet est correct, pas vous. **Je plaisante**, bien sûr. Je veux juste souligner que vous ne devriez pas faire confiance à tout ce que vous lisez sur Internet à 100%. Il est important que vous étudiiez les vrais livres d'Histoire de la bibliothèque pour réussir ce cours.

Plus tard, Oliver et Henri discutent de la conférence du professeur Beaumont.

OLIVER C'était une conférence intéressante. Je pense que je suis maintenant encore plus fier d'étudier ici dans cette université.

HENRI Moi aussi. Et que penses-tu du professeur Beaumont ?

OLIVER Je l'aime bien. Il a le **sens de l'humour**.

HENRI As-tu compris tout ce qu'il a dit ?

OLIVER Il y avait des **mots** que je ne comprenais pas, mais pas beaucoup.

HENRI Tu peux toujours me demander si tu ne connais aucun mot. Le professeur a un grand vocabulaire et aime utiliser de grands mots.

OLIVER Oui, il le fait. En fait, je m'attendais à moins comprendre, alors j'ai été surpris de voir à quel point j'ai compris.

HENRI Au moins, il parle **clairement**. Et tu as pu comprendre son humour. Donc, c'est **impressionnant**.

OLIVER Les **blagues** sont importantes dans le langage. Je détesterais être le seul à ne pas rire.

HENRI Espérons que tous nos cours sont aussi intéressants que celui-ci. Qu'est-ce que tu as maintenant ?

OLIVER Je suis libre pendant une heure, puis j'ai une conférence sur la **société** française avant la Première Guerre mondiale. Et toi ?

HENRI Je vais maintenant à la bibliothèque pour voir s'ils ont ce livre recommandé par le professeur. J'espère que quelqu'un ne l'a pas encore pris.

OLIVER Je suis sûr qu'ils ont beaucoup d'exemplaires de tous les livres recommandés. Mais peut-être que je devrais aller avec toi maintenant ou je serai celui qui ne comprend pas.

HENRI Et si aucun de nous n'en reçoit une copie, nous allons simplement chercher tout en ligne, n'est-ce pas ?

OLIVER Haha, oui. Le professeur Beaumont sera **certainement** fier de nous si nous faisons cela !

Vocabulary

Senones celtiques - Celtic Senones
à l'avant - at the front
hérité - inherited
seconde guerre mondiale - second World War
à l'arrière - at the back

avaient - held
élections municipales - municipal elections
lire et écrire - read and write
phénomène - phenomenon
levez la main - raise your hand
Je plaisante - I'm joking
sens de l'humour - sense of humor
mots - words
clairement - clearly
impressionnant - impressive
blagues - jokes
société - society
certainement - certainly

Chapter 13

Le gymnase

Oliver appelle Madeline pour lui dire quel bon moment il a passé le jour de leur rendez-vous et savoir si elle aimerait le revoir le week-end.

OLIVER Bonjour Madeline, c'est Oliver.

MADELINE Bonjour Oliver, ravi de t'entendre !

OLIVER Je voulais juste appeler et dire quel bon moment j'ai passé avec toi au dîner.

MADELINE Je me suis amusée aussi. Merci de m'avoir emmenée dans ce restaurant.

OLIVER Et je me **demandais** si tu aimerais aller te promener dans Paris avec moi samedi ? Si tu es libre, bien sûr.

MADELINE J'aimerais beaucoup te rejoindre et te faire visiter ma ville. On pourrait peut-être amener le déjeuner et faire un **pique-nique** dans le parc ?

OLIVER Oui, c'est une excellente suggestion. Faisons ça.

MADELINE Ok, génial. À quelle heure veux-tu que nous nous retrouvions ?

OLIVER Je pensais peut-être vers 10 heures.

MADELINE Peu importe, le meilleur moment pour toi. Je suis libre toute la journée.

OLIVER Ensuite, nous avons toute la matinée et l'après-midi ensemble.

MADELINE Dix serait parfaite. À l'Arc de Triomphe ?

OLIVER Ah oui. Rendez-vous là-bas.

MADELINE Y a-t-il quelque chose que tu n'aimes pas manger ? Je pensais que nous pourrions simplement apporter des sandwichs et des gâteaux.

OLIVER Ça me paraît bien. J'aime tous les aliments et j'adore les gâteaux. Je peux apporter les **boissons**. Que dirais-tu de l'eau pour la promenade et du chocolat chaud pour le déjeuner ?

MADELINE Oh, le chocolat chaud est parfait pour un pique-nique dans le parc. Bonne idée.

OLIVER Oh, mon ami vient d'arriver. Nous allons au gymnase ensemble maintenant. Mais je te vois samedi à dix heures, d'accord ?

MADELINE Ok. On se voit samedi. Va te construire des muscles, tu en as besoin. Au revoir.

OLIVER Haha, merci. Au revoir.

HENRI Hey, comment ça va ?

OLIVER Bien. Et toi ?

HENRI Pas mal. Tu es prêt pour un entraînement difficile aujourd'hui ?

OLIVER Je suis né prêt.

Oliver et Henri sont au gymnase en train de parler de son rendez-vous avec Madeline.

OLIVER Allez, tu peux en faire deux autres.

HENRI Non, mes **bras** sont trop fatigués. Je dois baisser le poids pour mon prochain set.

OLIVER C'est mon dernier set sur cette machine et ensuite je vais travailler mes épaules. Je suis trop **maigre**.

HENRI Je trouve que tu as l'air d'aller bien. Peut-être quelques kilos de plus, c'est tout. As-tu besoin d'aide sur ce set ?

OLIVER Oui, je vais essayer de faire 12 répétitions alors tu pourras probablement m'aider pour les derniers.

HENRI Ok, pas de problème. Utilises-tu toujours 65 kilos pour ce set ?

OLIVER Non, je pense que je vais passer à 55 parce que je veux terminer cette série de pulldowns lentement. J'ai entendu dire que c'était le meilleur moyen de développer ses muscles. Ok, j'ai besoin d'aide avec celui-ci.

HENRI Pas de problème. Je vais voir combien tu peux en faire, puis je t’aiderai quand je te verrai en difficulté.

OLIVER D'accord, merci.

Ouf, c'était difficile. Mes **avant-bras** sont morts. Je t'aiderai si tu veux.

HENRI Non, je pense pouvoir le faire parce que je vais réduire le poids à 40 kilos. Tu peux y aller et commencer sur la **presse d'épaule**.

OLIVER J'attendrai que tu aies fini, nous irons ensemble. Regarde ce gars là-bas. Il est énorme

HENRI Oui, je l'ai vu le semestre dernier faire des **tractions** en poirier comme si de rien n'était. C'était impressionnant.

OLIVER Je ne pense pas que j'aimerais avoir cette taille.

HENRI Ne t'inquiète pas, ça prendrait beaucoup d'années et beaucoup de compléments alimentaires.

OLIVER Ce n'est pas la peine. En parlant de compléments, bois-tu de la **poudre de protéines** ?

HENRI J'avais l'habitude d'acheter des protéines vraiment bon marché sur Internet, mais j'ai visionné un documentaire à ce sujet. Après avoir regardé, je me suis rendu compte que celui que j'avais acheté était probablement **inutile** et de mauvaise qualité.

OLIVER Alors, tu ne prends rien après le gymnase ?

HENRI En fait, je fais mon propre shake protéiné. Il a des fruits et des **graines** et du **beurre d'arachide**. Il est vraiment sain, contient plus de protéines que les poudres et a un goût fantastique. J'en ferai un supplémentaire pour toi la prochaine fois.

OLIVER Cool, merci. Je n'ai apporté qu'une salade de **thon** avec moi.

HENRI Bien. Je pense que les protéines naturelles provenant des aliments sont le meilleur moyen d'obtenir tes protéines.

OLIVER Je suis d'accord. Ok, finissons avec cette machine. N'oublie pas que ton téléphone est par terre.

HENRI Hé, ça me rappelle une chose. Je t'ai entendu au téléphone plus tôt dire quelque chose à propos de samedi. Tu parlais à une fille ? Aurais-tu un rendez-vous ?

OLIVER Oui, nous sommes allés dîner le week-end dernier. Nous nous reverrons ce week-end.

HENRI Ah ah, c'est pour ça que tu veux te **muscler**. Tu veux l'impressionner.

OLIVER Haha, non. Mon **charme** et ma beauté me suffisent. Pour être honnête, nous nous sommes vraiment bien entendus et je pense que cela pourrait devenir une relation sérieuse.

HENRI Mais tu vis à New York et on dit que les relations à distance ne fonctionnent jamais.

OLIVER J'ai entendu ça aussi. Mais elle a dit qu'elle aimerait vivre à New York alors qui sait ce que l'avenir apportera.

Vocabulary

demandais - inquire
pique-nique - picnic
boissons - drinks
Je suis né prêt - I was born ready
bras - arms

maigre - skinny
avant-bras - forearms
presse d'épaule - shoulder press
tractions - push ups
poudre de protéines - protein powder
inutile - useless
graines - seeds
beurre d'arachide - peanut butter
thon - tuna
muscler - muscles
charme - charm

Chapter 14

Le Soap Opera

Oliver entre dans le salon et remarque Fabien en train de regarder la télévision.

OLIVER Qu'est-ce que tu regardes ?

FABIEN Ne rigole pas. C'est un **feuilleton** français que je regarde tous les matins.

OLIVER Pourquoi devrais-je rire, grand-mère Fabien ? Alors, de quoi parle la série ?

FABIEN Haha, ben ce couple là est fiancé mais la femme est amoureuse de son frère. Elle a déjà embrassé le frère mais son fiancé ne le sait pas.

OLIVER Un **triangle amoureux**. Comme c'est original !

FABIEN Exactement. Le spectacle se déroule dans un hôtel cinq étoiles. Ce gars ici est le manager mais il a eu un accident et maintenant il ne se souvient plus de sa femme ni de ses enfants.

OLIVER Jusqu'à présent, il y a une **liaison** et une **perte de mémoire**. Je devinerai qu'une femme de la série est **enceinte** mais elle ne sait pas qui est le père.

FABIEN Non, tu as tort. Elle a déjà accouché et nous avons découvert qui était le père la semaine dernière après un test ADN. Son petit ami n'est pas le père.

OLIVER J'avais donc raison au sujet du scénario, mais le moment était mal choisi. Je suis sûr que quelqu'un d'autre tombera bientôt enceinte.

FABIEN Et quelqu'un **mourra** à peu près au même moment. Un **décès** survient toujours juste avant une nouvelle naissance.

OLIVER Qu'est-ce qui t'a poussé à regarder cette série?

FABIEN Ma mère la regarde tous les jours, alors je regardais avec elle au petit-déjeuner.

OLIVER Et quand as-tu quitté la maison ?

FABIEN Il y a cinq ans.

OLIVER Donc, tu la regardes **volontairement** depuis cinq ans ?

FABIEN En fait, il y a un autre feuilleton qui est **diffusé** avant celui-ci tous les matins. Je les regarde tous les deux.

OLIVER Les deux sont dans un hotel ?

FABIEN Non. L'autre est situé dans une ville près de Nantes. Il y a aussi un hôtel mais toute la ville est utilisée.

OLIVER Vous pouvez donc visiter le plateau et tous les endroits que vous voyez dans la série ?

FABIEN Je n'aime pas beaucoup cette série. Cela ressemble à un endroit cool à visiter.

OLIVER Ne voudrais-tu pas rencontrer les stars de la série ?

FABIEN Je ne suis pas un **harceleur**. Les regarder à la télévision suffit.

OLIVER N'est-ce pas ennuyeux de voir les mêmes histoires se répéter encore et encore ?

FABIEN Pas du tout. C'est ce que le public veut.

OLIVER C'est vrai. Ce sont les **histoires** que les gens attendent, sinon ils ne regarderont plus.

FABIEN Dans cette série, j'aime le fait que les personnages soient **crédibles** mais dramatiques.

OLIVER Tu veux dire qu'il y a plus de gens ordinaires tous les jours ?

FABIEN Exactement. Et de nouveaux personnages rejoignent la série tout le temps et il y a toujours des actrices attrayantes, en particulier celle-ci à l'écran.

OLIVER Et quelle est son histoire ? Est-ce une **jumelle** perdue depuis longtemps ?

FABIEN Oui, mais non. Elle vient d'arriver en ville et veut travailler à l'hôtel comme femme de **chambre**. Je pense que ce sera le coup de foudre pour le barman de l'hôtel.

OLIVER Oui, il tombera amoureux de sa meilleure amie et ce sera le prochain triangle amoureux.

FABIEN Hmm, peut-être que tu devrais être écrivain pour la série.

OLIVER Trop **ennuyeux**.

FABIEN Si c'est si ennuyeux, alors pourquoi es-tu assis ici avec moi pour la regarder ?

OLIVER J'essaye juste d'améliorer mon français. À propos, qu'a fait le petit ami lorsqu'il a découvert que le bébé n'était pas le sien ? A-t-il combattu l'autre gars ?

FABIEN Oh maintenant tu veux en savoir plus ! Elle n'a encore rien dit à personne. De plus, son petit ami est en prison pour avoir assassiné l'homme avec qui elle couchait mais il ne l'a pas fait.

OLIVER Quoi ?!

FABIEN Attends. Ça s'améliore. C'est sa mère qui l'a fait pour lui.

OLIVER Je pense que je ferais mieux de regarder avec toi. Juste pour la pratique française.

FABIEN Ok, on va dire que je te crois.

OLIVER À quelle heure passe la série chaque jour ?

FABIEN Le premier commence à six heures et demie et dure quarante-cinq minutes, puis tout de suite après un autre de quarante-cinq minutes. D'habitude, je prépare mon petit-déjeuner avant de commencer, puis je les regarde pendant que je mange.

OLIVER C'est un bon début de journée. Mais je ne suis pas sûr de pouvoir me lever si tôt.

FABIEN Tu as maintenant une bonne raison de te lever tôt le matin.

OLIVER J'aurai besoin de dormir plus tôt alors. Mais cela est impossible sans un nouvel oreiller. J'ai besoin de quelque chose de ferme.

FABIEN Oh, je suis libre ce soir si tu veux toujours aller à IKEA avec moi ?

OLIVER Absolument. Je suis **enthousiaste** à l'idée de voir à quoi ça ressemble et j'espère acheter un bon oreiller dans les limites de mon budget.

FABIEN Je suis sûr que tu le feras. Ce soir tu dormiras bien. Et puis je te verrai demain matin pour regarder tes nouveaux feuilletons préférés avec moi.

OLIVER Ne dit à personne que nous regardons des feuilletons ensemble.

FABIEN Je suis d'accord. Nous ne voulons pas que les gens nous appellent "les deux grands-mères".

Vocabulary

feuilleton - TV series

triangle amoureux - love triangle

liaison - affair

perte de mémoire - memory loss

enceinte - pregnant

mourra - die

décès - death

volontairement - willingly

diffusé - broadcast

harceleur - stalker

histoires - storylines

crédibles - credible

jumelle - twin

chambre - bedroom

ennuyeux - boring

enthousiaste – enthusiastic

Chapter 15

Le magasin IKEA

Oliver et Fabien sont arrivés chez IKEA et se promènent dans le magasin.

OLIVER Cet endroit est cool. Je n'arrive pas à croire que je n'ai jamais fait les courses chez IKEA auparavant. A quoi servent ces **flèches** sur le sol ?

FABIEN Elles te guident dans le magasin pour que tu puisses tout voir. Tu n'es pas obligé de les suivre, mais nous le ferons puisque tu n'es jamais venu ici auparavant. Nous pouvons marcher rapidement parce que les choses que nous voulons acheter sont **en bas**.

OLIVER Il y a un autre niveau en bas ! Cool !

FABIEN Le restaurant est à ce niveau, donc à la fin de ce niveau, nous serons prêts à manger.

OLIVER Cet affichage indique qu'il fait quarante mètres carrés. Sais-tu ce que ça fait en pieds ?

FABIEN Je dirais un peu plus de 400 **pieds carrés**.

OLIVER Wow, c'est **minuscule**. Comment ont-ils réussi à intégrer tous ces meubles dans ce petit appartement et à lui donner une belle apparence ? J'aimerais vivre dans un appartement comme celui-ci.

FABIEN Ce n'est rien de spécial. Il a juste l'essentiel et rien de plus. Par exemple, un lit et une armoire, un canapé et une télévision et une **cuisine intégrée**.

OLIVER C'est parfait pour un étudiant, s'il préfère vivre seul.

FABIEN Je pense que cela convient mieux à un vieux couple de **retraités**. Tout est à portée de main. Si c'était un étudiant, ils ne pourraient inviter personne. Il n'y a pas de place pour plus de deux invités.

OLIVER Bon point. Mais je ne pense pas que les personnes âgées aimeraient ce style moderne. Hé, ça ressemble à la table dans notre salon.

FABIEN C'est la table de notre salon. J'ai aidé à la monter lorsque le **propriétaire** l'a acheté il y a quelques années.

OLIVER Oh oui, il faut monter certaines choses d'ici.

FABIEN Tu dois monter chaque meuble que tu achètes ici, même un **canapé**.

OLIVER Un canapé ! **Comment diable** les gens normaux peuvent-ils monter un canapé ?

FABIEN Ce n'est probablement pas aussi difficile que tu le penses. Ils fournissent des instructions claires et je suis sûr qu'un canapé ne comporte pas autant de pièces séparées.

OLIVER Je suppose que c'est plus facile à transporter dans ton appartement s'il est en petits morceaux.

Oliver et Fabien sont assis au restaurant d'IKEA et parlent de la nourriture.

FABIEN Ah, tu as les **boulettes** de viande suédoises. Bon choix.

OLIVER Je n'ai pas pu résister. Elles sentaient trop bon. Qu'est-ce que tu as ?

FABIEN Ils ont une offre spéciale pour la salade César alors je l'ai prise.

OLIVER J'ai vu l'annonce pour cela, mais je ne l'ai pas vue au **comptoir**. Je n'ai jamais essayé des boulettes de viande comme ça.

FABIEN Ils ne les vendent pas à New York ?

OLIVER Juste les boulettes à l'italienne.

FABIEN Savais-tu qu'ils vendent des boulettes de viande **congelées** ici ? Tu peux en acheter quand nous repartirons pour les faire cuire à la maison un jour.

OLIVER Sérieusement ? Je les achèterai certainement. Je peux les cuisiner avec des **pâtes**.

FABIEN C'est ce que j'ai fait, mais j'en ai eu assez de manger ce plat si souvent. Je prends une pause de boulettes de viande pendant un moment. As-tu été tenté par le gâteau ?

OLIVER J'y ai réfléchi, mais je ne devrais pas prendre d'aliments sucrés si tard. Pourquoi tu n'en as pas pris ?

FABIEN Même raison que les boulettes de viande. Je mange des gâteaux chaque fois que je viens ici et j'en mange toujours au moins deux à chaque fois. Je devenais trop gros.

OLIVER J'en prendrai peut-être un la prochaine fois. Quel est ton gâteau préféré ?

FABIEN J'aime surtout le gâteau aux **carottes**. Mais, souvent, je prends aussi une salade de fruits car elle est bon marché.

OLIVER Quel fruit y a-t-il dedans ?

FABIEN Toutes sortes mais j'essaie de remplir le bol avec autant d'ananas que possible.

OLIVER Salade César et une salade de fruits. Je commence à penser que tu as vraiment mangé trop de boulettes de viande et de gâteaux.

FABIEN Je te l'ai dit. Je dois manger plus sainement pendant un moment. Mais ne t'inquiète pas, une fois que je serai malade de salades, je mangerai de nouveau beaucoup de boulettes de viande et de gâteaux.

Oliver et Fabien ont fini de manger et sont en bas en train de regarder des oreillers et des lampes.

OLIVER Je pense que je vais prendre celui-ci. Il répond à mes **exigences** : ferme et **pas cher**.

FABIEN Tu ne veux pas d'un oreiller en mousse ? J'ai entendu dire qu'ils sont les meilleurs.

OLIVER Cette vendeuse **insistante** m'a déjà dit tout ce que j'avais besoin de savoir sur les oreillers. J'ai décidé que le prix était la chose la plus importante pour moi.

FABIEN Quelle vendeuse ?

OLIVER Je suis allé au grand magasin du centre-ville et elle a continué d'essayer de me vendre un oreiller coûteux, même après que je lui ai annoncé mon budget.

FABIEN Probablement parce qu'ils étaient de qualité supérieure. N'oublie pas que tu dois acheter une **taie d'oreiller**.

OLIVER Oh oui. J'avais oublié ça. Tu peux aller aux lampes et je te rattraperai. Je vais chercher une taie d'oreiller bon marché.

FABIEN Ok, bien sûr. J'ai déjà vu celle que je veux en ligne alors je serai rapide. Si tu ne me vois pas aux lampes, je serai au département des plantes.

OLIVER As-tu des plantes pour ta chambre ou ton appartement ?

FABIEN Pour ma chambre. J'en ai acheté de très belles il y a quelques mois, mais elles ont déjà l'air mortes.

OLIVER Je ne sais pas garder les plantes en vie non plus. Je pourrais aussi acheter quelques plantes pour ma chambre. J'aurai peut-être plus de chance de les garder en vie en France.

FABIEN Je pensais que tu n'avais besoin que de les arroser et qu'elles prennaient soin d'elles-mêmes.

OLIVER Et certaines ont besoin de soleil. Mais juste la bonne quantité. Trop ou trop peu et elles mourront.

FABIEN Tu ne leur as peut-être pas assez parlé.

OLIVER Parles-tu à tes plantes ? Mes parents penseraient que je suis fou s'ils m'entendaient parler aux plantes.

FABIEN Chante pour elles à la place. Ainsi, tes parents vont penser que tu ne fais que chanter.

Vocabulary

flèches - arrows
en bas - below
pieds carrés - square feet
minuscule - tiny
cuisine intégrée - fitted kitchen
retraités - retirees
propriétaire - landlord
canapé - sofa
Comment diable - How on earth
boulettes - meatballs
comptoir - counter
congelées - frozen
pâtes - pasta
carottes - carrots
exigences - requirements
pas cher - cheap
insistante - pushy
taie d'oreiller - pillowcase
Chante - Song

Chapter 16

L'épicerie

Oliver et sa mère sont arrivés au supermarché local pour faire leurs courses.

MME PETIT Qu'est-ce que tu achètes ?

OLIVER Je veux acheter de l'**avoine** pour le petit-déjeuner, mais je ne sais pas de quoi d'autre j'ai besoin.

MME PETIT Juste de l'avoine ? Ça n'aura pas très bon goût. Qu'en est-il du **miel** ou des fruits **secs** ?

OLIVER Oui, c'est ce que je voulais dire. L'avoine et toutes les autres choses que je vais ajouter.

MME PETIT Tu aurais dû faire une liste. Il est facile d'oublier d'acheter les choses que tu voulais acheter, puis d'acheter des choses dont tu n'as pas besoin.

OLIVER Habituellement, je ne fais que rechercher des produits frais proposés en ce moment.

MME PETIT Tu n'as pas besoin de pain et de lait, de viande, de pâtes et de **riz** ? Et peut-être des produits de toilette ou de **nettoyage** aussi ?

OLIVER Oui, je prévois de me promener dans tout le magasin et de prendre ce dont j'ai besoin quand je le vois.

MME PETIT Mais si tu planifies tes **repas** à l'avance, tu sais quoi acheter et tu ne dépenses pas trop. De plus, tu ne passeras pas de temps à la maison à penser à ce qu'il faut faire avec les ingrédients que tu auras achetés.

OLIVER C'est comme ça que je fais mes courses à la maison et ça n'a jamais été un problème. Tant que je prends l'avoine à la maison pour le petit-déjeuner, je peux penser aux autres repas plus tard.

MME PETIT Ok alors.

OLIVER Je vais chercher un **panier**.

MME PETIT Il vaut mieux se procurer un **chariot** pour pouvoir y accrocher son sac au lieu de le porter et de faire ses courses. Voilà cinquante centimes pour le panier.

OLIVER Merci beaucoup. Je reviens dans une seconde.

Voilà tes cinquante centimes en retour. Cela ne prend qu'une pièce en euros.

MME PETIT Garde-les. J'essaie de me débarrasser de mes petites pièces avant de rentrer chez moi. Laisse-moi mettre ma veste dans le panier. Ok, alors quels **légumes** veux-tu ?

OLIVER Je vais certainement prendre des carottes et des tomates. Elles sont proposées en ce moment. Les oignons aussi.

MME PETIT Et la **patate douce** ?

OLIVER Je voudrais en acheter, mais c'est un peu cher. Les pommes de terre normales sont bon marché cependant. Je dois les acheter dans un sac de 3 kg ? Je ne pense pas pouvoir les finir toutes pendant qu'elles sont encore bonnes.

MME PETIT Ces pommes de terre ne coûtent que 2,99 € le kilo. Combien en veux-tu ?

OLIVER Hmm, étrange. Le prix au kilo est toujours plus cher que le sac de 3 kg. Je vais juste acheter le gros sac.

MME PETIT Tu peux toujours les partager avec Fabien.

OLIVER Je pense que c'est assez de légumes pour quelques jours. Ces bananes ont l'air bien. Je pense que je vais en prendre pour une collation à l'université.

MME PETIT Regarde les pommes. C'est **une achetée, une gratuite**.

OLIVER Mais alors je devrai manger 2 kg de pommes. Sauf si je les partage aussi avec Fabien.

MME PETIT Peut-être que vous devriez faire vos achats ensemble à l'avenir.

Oliver et sa mère sont à la caisse en train de payer ses courses.

CAISSIER Vous avez oublié de peser ces bananes et de coller un **autocollant** sur le sac.

OLIVER Oh, désolé. Je ne savais pas que je devais le faire.

CAISSIER Vous en voulez toujours ?

OLIVER Oui, est-ce que je dois rapidement y retourner pour les peser ?

CAISSIER Non, non. Veuillez utiliser la **balance** juste à côté de la caisse 3 et revenir.

OLIVER D'accord, dans une minute.

D'accord. Voici. Je ne savais pas que tu devais le faire toi-même ici. Pourquoi tu ne me l'as pas dit ?

MME PETIT Je ne savais pas non plus. On ne m'a jamais demandé de peser des fruits et des légumes moi-même. Habituellement, ils le font à la caisse.

CAISSIER Tous les supermarchés ne le font pas à la caisse. Dans certains vous devez le faire vous-même. Mais ce n'est pas un problème si vous oubliez. Il y a toujours une balance à proximité.

OLIVER Bon à savoir.

CAISSIER Avez-vous une carte de **fidélité** ?

OLIVER Non, c'est quoi ça ?

CAISSIER C'est une carte de fidélité client. Vous pouvez l'utiliser dans de nombreux magasins locaux pour cumuler des points. Les points peuvent ensuite être échangés contre un crédit en magasin pour économiser de l'argent sur vos achats.

OLIVER Je ne pense pas que je serai ici assez longtemps pour accumuler assez de points.

CAISSIER Votre total est de 13,45 €. Comment voulez-vous payer ?

OLIVER Avec la carte s'il vous plaît.

CAISSIER Souhaitez-vous un remboursement en espèces ?

OLIVER Hmm, je devrais peut-être. Puis-je avoir 40 € s'il vous plait ?

CAISSIER Ok. Insérez simplement votre carte dans le bas et entrez votre code.

OLIVER J'espère que ça marche.

CAISSIER Sortez votre carte. Voulez-vous le **reçu** ?

OLIVER Non merci.

MME PETIT Tu devrais toujours prendre le reçu.

OLIVER Ok alors, oui donnez-moi le reçu.

CAISSIER Et voici vos 40 €. Bonne journée.

OLIVER Merci beaucoup. À vous aussi. Au revoir.

Vocabulary

l'avoine - oats
miel - honey
secs - dry
riz - rice
nettoyage - cleaning
repas - meals
panier - basket
chariot - cart
légumes - vegetables
patate douce - sweet potatoes
une achetée, une gratuite - buy one, get one free
autocollant - sticker

balance - scales
fidélité - loyalty
reçu - receipt

Chapter 17

La marraine

*Oliver et sa mère rendent visite à la **marraine** d'Oliver.*

MME MARTIN Wow, regarde la **taille** que tu fais. Je ne peux pas croire à quel point tu es grand. Ils doivent bien te nourrir en Amérique. La dernière fois que je t'ai vu, tu n'étais pas plus grand que ça. Quelle est ta taille maintenant ?

OLIVER Je fais 180cm. Ce n'est pas si grand.

MME PETIT Il est en fait l'un des plus petits de sa classe. Depuis toujours, depuis la **maternelle**.

MME MARTIN Eh bien, tu es toujours très grand pour moi. Te souviens-tu de moi ?

OLIVER Pas vraiment. Quel âge avais-je ?

MME MARTIN C'était à la fête de ton cinquième anniversaire. Nous avons pris l'avion pour New York juste pour te voir.

OLIVER Tout ce dont je me souviens de cette soirée, c'est que mon meilleur ami m'a offert une **calculatrice** en **cadeau**.

MME PETIT C'est tout ce dont tu te souviens ? **Ni** le clown ni le gâteau d'anniversaire ?

OLIVER Rien. Juste la calculatrice.

MME MARTIN Je me souviens encore de ce clown. Il était très bon. N'était-ce pas l'un de vos **voisins** ?

MME PETIT Oui. M. Wark de l'autre côté de la rue.

OLIVER Vieux M. Wark ! Mais il déteste les enfants. Il nous **reprochait** toujours de jouer au hockey dans la rue.

MME PETIT Il essayait juste de vous **protéger** d'un accident de voiture. Nous vivions dans une rue très fréquentée à cette époque.

OLIVER Je ne me souviens pas d'avoir été aussi occupé. Notre quartier était si calme. J'étais heureux d'avoir déménagé avant de commencer le **lycée**.

MME MARTIN De bons souvenirs. Peux-tu croire que cela fait 15 ans que nous nous sommes vus ?

MME PETIT Je sais. Ça fait trop longtemps.

MME MARTIN Savais-tu que ta mère et moi avions l'habitude de nous voir tous les jours quand nous étions adolescentes ?

OLIVER Oui, elle a dit que vous étiez meilleures amies. Et c'est pourquoi elle t'a demandé d'être ma marraine.

MME MARTIN Elle m'a présenté à mon mari. Au départ, il voulait sortir avec ta mère, mais elle lui a dit de me demander de sortir avec lui.

MME PETIT Je savais que c'était **mieux**. Je rêvais de parcourir le monde et je ne voulais pas de petit ami.

MME MARTIN Eh bien, tu avais raison. Au fait, quand vous avez dit que vous veniez, j'ai jeté un coup d'œil à nos vieilles photos. En voici une de ta mère et moi allant à la discothèque.

OLIVER Haha, maman, regarde ta **coiffure**.

MME PETIT C'était la **tendance** de l'époque. Je suis sûre que tes enfants vont regarder tes photos et rigoler.

MME MARTIN Et en voici une de nous au marché de Noël. C'était le lendemain de la proposition de mon mari et nous fêtions cela avec du vin chaud.

OLIVER Vous avez l'air très heureux tous les deux. Ton mari est-il au travail là ?

MME MARTIN Oui, il travaille comme **pompier**. Nos deux fils travaillent aussi comme pompiers, mais dans des stations différentes.

OLIVER Excellent. Quel âge ont-ils ?

MME MARTIN Alain a 31 ans et Jacques 29 ans.

OLIVER Ils sont mariés ?

MME MARTIN Jacques a épousé sa petite amie du lycée à l'âge de 18 ans et ils ont trois beaux enfants. Alain était marié mais ils ont divorcé récemment. Ils partagent la garde de leur fille.

MME PETIT Et toi ? Comment vas-tu profiter de la **retraite** ?

OLIVER Oh, tu es à la retraite ? Où travaillais-tu avant ?

MME PETIT Elle était directrice de banque.

MME MARTIN C'est vrai. Dès que les enfants ont commencé la maternelle, je suis allé travailler à la banque et y suis resté plus de 25 ans.

OLIVER Je n'avais pas réalisé que l'âge de la retraite en France était si bas.

MME MARTIN Ce n'est pas le cas. J'ai décidé de prendre ma retraite tôt et de prendre des cours d'art.

MME PETIT Cela me rappelle que j'ai pris rendez-vous à la banque pour que tu puisses parler à un représentant de la compagnie d'assurance.

OLIVER Savent-ils à quoi sert le rendez-vous ?

MME PETIT Oui, le représentant M. Bamba t'expliquera tout.

MME MARTIN Oh, cette photo est **drôle**. Ici c'est ta mère après avoir brisé le miroir en faisant le poirier.

MME PETIT Ce miroir était une **antiquité**. Ton grand-père était furieux. C'est un bon exemple de la raison pour laquelle tu as besoin d'une assurance responsabilité.

OLIVER Ton assurance a payé pour **réparer** le miroir ?

MME PETIT Nous n'avions pas d'assurance. C'est pourquoi il était furieux.

MME MARTIN Je m'en souviens. Il riait généralement des choses folles que nous faisions, mais il était vraiment en **colère** cette fois.

MME PETIT Il dit toujours qu'il est non **chrétien** d'être en colère.

MME MARTIN Oui, je me souviens de l'avoir entendu le dire. Tu vas à l'**église**, Oliver ?

OLIVER Non. J'avais l'habitude d'aller à l'église toutes les semaines quand j'étais jeune, mais maintenant seulement à Noël.

MME MARTIN Mes enfants ne sont pas très **religieux** non plus. Nous les invitons à l'église tous les dimanches mais ils ont toujours des excuses.

MME PETIT La jeune génération ne s'intéresse tout simplement pas à l'église.

OLIVER Il m'est difficile de croire en **Dieu** quand j'étudie autant l'histoire du monde.

Vocabulary

marraine - godmother
taille - height
maternelle - nursery
calculatrice - calculator
cadeau - gift
Ni - Neither/nor
voisins - neighbors
reprochait - scold
protéger - protect
lycée - high school
mieux - better
coiffure - hairstyle
tendance - trend
pompier - firefighter
retraite - retirement
drôle - funny
antiquité - antiquity

réparer - to repair
colère - angry
chrétien - Christian
église - church
religieux - religious
Dieu - God

Chapter 18

Le tableau d'affichage

Oliver et ses camarades de classe consultent les avis affichés sur le ***tableau d'affichage*** *de l'université.*

CHARLES Ha, 200 € pour une guitare acoustique G2000 d'**occasion**. Vous pouvez en acheter une neuve pour moins que cela. Celui qui a placé cette annonce est en train de rêver.

HENRI Ca dit 200 € ou meilleure offre. Le vendeur a mis 200 € mais acceptera probablement une offre pour beaucoup moins cher.

OLIVER Je me demande si c'est la même chose pour ce vélo. Il est écrit 350 € mais je ne veux pas payer autant si je ne l'utilise que pendant quelques mois.

CHARLES C'est un bon modèle. S'il fonctionne, alors c'est un bon prix. Les nouveaux coûtent environ 1500 €.

HENRI Je pense que tu ferais mieux d'aller au marché du vélo. Là, tu peux **essayer** différents vélos et comparer les prix.

OLIVER Je pense que tu as raison. Je ne veux pas perdre mon temps ni celui du vendeur s'il n'accepte pas mon offre.

CHARLES Je n'arrive toujours pas à croire l'annonce pour cette guitare acoustique.

HENRI Ce n'est pas si étrange. Peut-être qu'il a payé beaucoup plus que 200 €.

CHARLES S'il gagne 200 € pour cette guitare, je vais placer une annonce pour mon ancienne guitare acoustique au prix de 500 €. Les **cordes** sont **brisées**, mais c'est toujours un meilleur modèle que celui-là.

HENRI Je **doute** que quelqu'un achète une guitare avec des cordes cassées pour 500 €. Maintenant tu rêves.

CHARLES On verra. Alors, Oliver, tu cherches un vélo ?

OLIVER J'y pense. Ce serait bien de faire du vélo dans la ville et dans la forêt.

CHARLES Quand tu en auras un, fais-le moi savoir. Je connais des pistes vraiment passionnantes dans la forêt où nous pouvons aller.

OLIVER Ah, excellent. Je vais certainement en acheter un alors.

HENRI Tu devrais donc acheter un vélo de **montagne**.

OLIVER Cela facilitera la recherche lorsque j'irai au marché.

CHARLES En attendant, je peux demander à mon colocataire si tu peux utiliser son vélo si tu veux ?

OLIVER Merci, mais je n'aime pas **emprunter** des choses à d'autres personnes. Attendons que j'en achète un pour moi.

CHARLES L'offre est ouverte si tu changes d'avis.

HENRI Et tu peux placer une annonce ici pour la vendre avant de rentrer en Amérique.

CHARLES Et rend le prix beaucoup plus élevé que ce que tu as payé.

OLIVER Haha, peut-être que je pourrais gagner de l'argent.

HENRI En parlant d'argent, regarde toutes les annonces d'un tuteur en maths. Comment se fait-il que personne n'ait jamais besoin d'un tuteur pour l'histoire ?

CHARLES Je sais. Les professeurs de mathématiques peuvent gagner beaucoup d'argent. J'aimerais gagner cela quelques heures par semaine.

OLIVER Vous ne gagnez pas beaucoup pour vos concerts ?

CHARLES L'argent ça va, mais nous devons le **partager** entre les quatre membres du groupe.

HENRI Tu es bon en maths, Oliver ? Penses-tu pouvoir donner des cours à un **élève du secondaire** ?

OLIVER Je ne me souviens de rien aux maths que j'ai apprises à l'école. Bien que j'aimerais gagner un peu d'argent pendant que je suis ici. Existe-t-il des annonces pour des emplois à temps partiel ?

HENRI En voici une pour une baby-sitter.

CHARLES Haha, comment ça va avec les enfants, Oliver ?

OLIVER Ignorons celle-là. Quoi d'autre ?

HENRI En voici une pour un centre d'appels. Ça dit 50 € de l'heure.

CHARLES Ce doit être du télémarketing.

OLIVER Je déteste quand les gens m'appellent et essaient de me vendre quelque chose et je ne veux pas devenir l'une de ces personnes. Que vendent-ils ?

HENRI Ça ne dit pas.

CHARLES Je vais chercher le nom de l'entreprise en ligne.

Leur site Web dit qu'ils vendent des assurances.

OLIVER C'est le pire type de télévendeur.

HENRI On ne dit pas de télémarketing. Ça pourrait être autre chose.

CHARLES Pour ce montant par heure, ce doit être du télémarketing.

OLIVER De plus, je ne pense pas que mon français est assez bon pour **convaincre** quelqu'un au téléphone d'acheter une assurance.

CHARLES Ce sera une bonne **pratique** pour améliorer tes compétences orales.

HENRI Hmm, je ne vois pas d'autres emplois ici.

OLIVER Je suppose qu'il n'y a pas beaucoup d'emplois pour les étudiants à Paris.

HENRI Pas nécessairement. C'est juste un panneau d'affichage.

CHARLES De nombreux endroits font généralement de la publicité dans les journaux ou dans les **vitrines** des magasins si tu souhaites travailler comme vendeur.

HENRI Et tu peux toujours demander au centre des carrières universitaires. Ou parlez au professeur.

OLIVER Pourquoi parler au professeur ?

HENRI Il connaît beaucoup de monde à Paris et reçoit souvent des demandes de travail pour savoir si l'un de ses étudiants est intéressé.

CHARLES Oui, il a même trouvé un travail pour moi et quelques autres pour travailler quelques jours à la **mairie**.

OLIVER D'accord, je lui demanderai s'il a la possibilité de travailler à temps partiel.

Vocabulary

tableau d'affichage - Bulletin board
occasion - opportunity
essayer - try
cordes - strings
brisées - broken
doute - doubt
montagne - mountain
En attendant - In the meantime
emprunter - borrow
partager - share
élève du secondaire - high school student
convaincre - to convince
pratique - convenient
vitrines - shop window
mairie - town hall

Chapter 19

La librairie

*Samedi, Oliver et Madeline se promènent dans Paris. Ils vont dans une **librairie** et parlent de leurs livres préférés.*

OLIVER Ce n'est pas une bonne journée pour une promenade.

MADELINE Non, il ne fait pas très beau dehors aujourd'hui.

OLIVER Mon application **météo** dit qu'il va bientôt pleuvoir. J'aime l'hiver, mais il fait parfois trop **froid** et humide.

MADELINE Je comprends ce que tu veux dire. J'aime l'hiver et l'été, mais je préfère quand même avoir froid que chaud.

OLIVER C'est exactement ce que je ressens. Quand il fait froid, tu peux simplement mettre des vêtements d'hiver. Mais quand il fait trop chaud, tu ne peux rien faire. Sauf se déshabiller bien sûr.

MADELINE Ha, je pense que tu serais **arrêté** pour ça.

OLIVER Ça dépend d'où tu le fais. Au milieu de la ville ne serait pas une bonne idée.

MADELINE Peut-être qu'il est préférable de rester dans une entreprise ou aller dans un magasin avec l'air conditionné. Comme une librairie.

OLIVER Bonne idée. Y a-t-il de bonnes librairies à Paris ?

MADELINE Oui, il y en a un ici.

OLIVER Ah oui. Entrons avant qu'il ne commence à pleuvoir. Là, laisse-moi ouvrir la porte.

MADELINE À quel genre de livres t'intéresses-tu ?

OLIVER En dehors des livres d'histoire, j'aime beaucoup les autobiographies.

MADELINE Moi aussi. Je veux dire que j'aime les autobiographies, pas les livres d'histoire. Je crois qu'ils sont **situés** au deuxième étage. Cet étage est juste pour les **romans** de fiction.

OLIVER Tu n'aimes pas la fiction ?

MADELINE J'en ai lu beaucoup mais il n'y en a que quelques uns que j'ai aimé. As-tu lu *L'Alchimiste* ?

OLIVER Oui, je pense que tout le monde a lu celui-là. Ma fiction préférée est la trilogie fantastique *Le Seigneur des* ***Anneaux***. Plus *le Hobbit* bien sûr. Les as-tu lus ?

MADELINE Non, j'ai vu des films, mais je ne suis pas un fan de fantasy. Quel est le mieux, les livres ou les films ?

OLIVER Les livres sont beaucoup plus descriptifs et ont plus de **personnages** que les films, donc je les aime bien, mais les films étaient incroyables. Le troisième film est dans mes trois meilleurs films préférés de tous les temps.

MADELINE Y a-t-il un livre que tu as honte d'aimer ? Je veux dire, serais-tu gêné si quelqu'un découvrait que tu aimais un certain libre ?

OLIVER Je crois que tu me demandes ça parce que tu en as un dont tu as honte.

MADELINE Je te dirai le miens si tu me dis le tiens.

OLIVER Haha, d'accord. Mais ne rigole pas. J'aime beaucoup le livre *Bridget Jones Diary*.

MADELINE *Bridget Jones Diary* ! Wow, je ne m'attendais pas à ça.

OLIVER C'est un best-seller. Cela signifie que beaucoup de gens aiment ce livre.

MADELINE Oui, les femmes.

OLIVER Eh bien, quel est le tiens alors ?

MADELINE Ce n'est pas aussi embarrassant que le tiens. J'adore les livres Harry Potter.

OLIVER Pourquoi as-tu honte de les aimer ? Beaucoup d'adultes et d'enfants les aiment. Je voudrais ne pas t'avoir dit le mien maintenant.

MADELINE Ne t'inquiète pas, ton secret est en sécurité avec moi.

OLIVER Ou simplement oublier que j'ai dit ce livre. Je plaisantais de toute façon.

MADELINE Je ne pense pas. Je pense que tu aimes vraiment ce livre et probablement aussi les **suites**.

OLIVER Je ne répondrai pas à ça. As-tu une autobiographie préférée alors ?

MADELINE Haha, essaye de changer de sujet. Eh bien, il n'y en a pas une qui se démarque comme une favorite. Je lis souvent des autobiographies de philosophes, mais ce sont les comédiens que j'aime le plus. Elles sont plus amusantes à lire.

OLIVER Parfois, les comédiens ont les histoires de vie les plus tragiques. Et beaucoup se **suicident**. Savais-tu qui était Robin Williams ?

MADELINE Je ne pense pas. Est-ce qu'il est Américan ?

OLIVER Oui, il était un acteur très célèbre et une star de cinéma. Il s'est suicidé de façon inattendue en 2014.

MADELINE Oh, **quelle tristesse** ! Non, les comédiens que j'aime sont tous français. Leur vie ressemble plus à la mienne mais en plus drôle. Je pense que c'est pour ça que je les aime.

OLIVER Oh, alors peut-être que tu peux m'en recommander un quand nous arriverons à la section biographie en haut.

MADELINE Bien sûr, mais je ne pense pas que ce sera en anglais. Peux-tu lire des livres en français ?

OLIVER Si c'est écrit dans un style conversationnel, alors je devrais pouvoir le faire.

MADELINE D'accord, bien, car je ne pense pas que les **blagues** se traduiraient bien en anglais.

OLIVER Si j'ai besoin d'aide, alors tu peux venir m'aider.

MADELINE Haha, voyons. Et toi ? As-tu une biographie ou une autobiographie préférée ?

OLIVER Mes favorites sont celles des **conquérants** et des explorateurs célèbres.

MADELINE Tu veux dire des gens comme Napoléon ?

OLIVER Oui, comme Napoléon, mais aussi des écrivains modernes comme Bill Bryson. Il est aussi un écrivain amusant. Tu aimerais ses livres.

MADELINE Ok, tu peux me recommander un des siens.

OLIVER Veux-tu lire en anglais ou en français ?

MADELINE En français, bien sûr. Ou proposes-tu de venir chez moi et de m'aider à lire la version anglaise ? Mais il faut que tu saches que j'aime seulement lire au **lit**.

Vocabulary

librairie - bookstore
météo - weather
froid - cold
arrêté - arrested
situés - located
romans - novels
Anneaux - Rings
personnages - characters
suites - sequels
suicident - suicide
quelle tristesse - how sad
blagues - jokes
conquérants - conquerors
lit - bed

Chapter 20

Le bus pour l'aéroport

À l'arrêt de bus, Oliver fait ses adieux à sa mère alors qu'elle rentre en Amérique.

OLIVER Es-tu sûre de ne pas vouloir que je vienne avec toi à l'aéroport ?

MME PETIT Oui, j'en suis sûre. Tu as probablement des devoirs à faire ou tu dois rencontrer tes amis.

OLIVER Non, je n'ai aucun plan.

MME PETIT Ça ira. J'ai un magazine donc je ne m'ennuierai pas.

OLIVER Alors bon voyage. Fais-moi savoir quand tu seras bien arrivée.

MME PETIT Je le ferai. Et toi étudie bien et continue à pratiquer ton français. Mais amuse-toi aussi, bien sûr.

OLIVER Je le ferai. Je m'amuse déjà beaucoup.

MME PETIT Oui, ton père m'a dit que tu avais rencontré une fille.

OLIVER Il te l'a dit ! Il aurait pu au moins attendre que tu sois rentrée.

MME PETIT Eh bien, fais attention à toi. Si tu vois ce que je veux dire.

OLIVER Bien sûr, maman. Tu n'as pas à le dire.

MME PETIT Je m'en assure simplement. Et contacte tes cousines. Elles ont hâte de te rencontrer.

OLIVER J'ai hâte de les rencontrer aussi. Je leur enverrai un message la semaine prochaine.

MME PETIT Oui, n'attend pas la dernière minute, sinon tu seras occupé à passer des **examens** et tu n'auras pas le temps de les voir.

OLIVER Je suis sûr que je les verrai dans les prochaines semaines.

MME PETIT Et va souvent rendre visite à ton grand-père. Tu pourrais ne jamais le revoir après avoir quitté la France.

OLIVER Je le ferai. En fait, il pourrait peut-être m'aider avec certaines **missions** sur l'histoire de Paris.

MME PETIT Tu peux le remercier en l'aidant avec le **jardinage**. Il est trop vieux pour le faire.

OLIVER Bien sûr, je vais l'aider avec tout ce dont il a besoin.

MME PETIT Bon garçon. Es-tu sûr d'avoir assez d'argent ?

OLIVER Oui. Je songe à trouver un emploi à temps partiel pour avoir plus d'**argent de poche**, mais j'en ai assez pour acheter les choses dont j'ai besoin.

MME PETIT J'ai quand même laissé une **enveloppe** avec de l'argent à l'intérieur sous ton ordinateur portable dans ta chambre.

OLIVER Maman, tu n'aurais vraiment pas dû. Mais merci.

MME PETIT Bon, je devrais monter et trouver un siège avant le départ du bus. Au revoir mon coeur. Viens faire un **câlin** à ta mère.

OLIVER Au revoir maman. Prends soin de toi.

MME PETIT Toi aussi. Je te tiens au courant quand j'arrive à la maison. **Je t'aime**.

OLIVER Je t'aime aussi. On se voit dans quelques mois.

Oliver est rentré dans son appartement et discute avec Fabien.

FABIEN Donc, ta mère rentre à la maison aujourd'hui ?

OLIVER Oui, je viens de lui dire au revoir à la gare. Je lui ai proposé d'aller à l'aéroport avec elle mais elle a dit qu'elle pouvait y aller toute seule.

FABIEN Ce n'est pas si loin. Elle pourrait être là-bas dans une heure en fonction de la **circulation**.

OLIVER Oh, c'est si rapide en bus ? Nous avons pris un taxi quand nous sommes arrivés ici.

FABIEN Et si tu l'avais accompagnée, tu aurais dû acheter un billet aller-retour.

OLIVER C'est vrai. J'ai économisé de l'argent.

FABIEN En plus, tu aurais dû revenir toi-même de l'aéroport.

OLIVER Je ne fais rien de toute façon. J'aurais juste écouté de la musique au retour.

FABIEN Qu'est-ce que tu écoutes **récemment** ?

OLIVER Oh, en règle générale, je mets ma playlist en mode aléatoire. C'est un **mélange** de rock, pop et indie. J'ai peut-être aussi une ou deux chansons de r & b.

FABIEN Ma playlist est à peu près la même. Mais je finis juste par écouter la radio. Je la laisse décider de ce que j'écoute. Bien que j'aime écouter de la musique instrumentale en travaillant.

OLIVER Comment sont les stations de radio ici ? Elles sont bien ?

FABIEN Les locales ne sont pas mauvaises. On entend souvent les mêmes chansons répétées, mais c'est **courant** pour les stations de radio de tous les pays.

OLIVER C'est bon à savoir. Ma mère m'a embarrassé à la gare. Mon père lui a dit que j'avais rencontré une fille et elle voulait s'assurer que je pratique une relation sexuelle sans risque.

FABIEN Qu'est-ce que tu as dit ?

OLIVER J'ai dit bien sûr, évidemment. Mais c'est la dernière fois que je dis quoi que ce soit à mon père.

FABIEN Ou la prochaine fois, tu devrais lui dire de ne pas le dire à ta mère.

OLIVER Tu as raison. Je ne veux pas juste arrêter de lui parler. Nous avons une bonne relation.

FABIEN Il ne savait probablement pas que tu voulais garder ça secret pour ta mère. Peut-être pensait-il qu'elle le savait déjà.

OLIVER **En parlant du loup**. Elle vient de m'envoyer un message.

FABIEN Ah, elle savait que tu parlais d'elle.

OLIVER Oh non, la police a arrêté le bus sur le chemin de l'aéroport.

FABIEN Quoi ? A-t-elle dit pourquoi ?

OLIVER Oh mon Dieu ! Elle a dit qu'il y avait un **camion** devant l'autobus qui disait "**Unité d'élimination des bombes**" !

Vocabulary

examens - exams
missions - assignments
jardinage - gardening
argent de poche - pocket money
enveloppe - envelope
câlin - hug
Je t'aime - I love you
circulation - traffic
récemment - recently
mélange - mixed
courant - current
En parlant du loup - Speak of the devil
camion - truck

Unité d'élimination des bombes - Bomb disposal unit

Is this book helping you on your learning journey? Your thoughts on Amazon would be greatly appreciated. Your review not only helps fellow language learners but also provides valuable insights for others like you. Thank you for your contribution to the community!

More from Dialog Abroad

www.ingramcontent.com/pod-product-compliance
Lightning Source LLC
LaVergne TN
LVHW091324190726
843491LV00002B/556

* 9 7 8 3 9 8 5 5 2 1 9 5 1 *